现代企业战略管理及其时代发展研究

刘 然 ◎ 著

中国原子能出版社

China Atomic Energy Press

图书在版编目（CIP）数据

现代企业战略管理及其时代发展研究 / 刘然著.
北京：中国原子能出版社，2024. 9. -- ISBN 978-7
-5221-3605-9

Ⅰ. F272.1

中国国家版本馆CIP数据核字第2024UK8115号

现代企业战略管理及其时代发展研究

出版发行	中国原子能出版社（北京市海淀区阜成路 43 号 100048）	
责任编辑	郭　康	
装帧设计	李　冉	
责任印制	白雪睿	
印　　刷	三河市悦鑫印务有限公司	
经　　销	全国新华书店	
开　　本	710×1000　1/16	
印　　张	11	
字　　数	209 千字	
版　　次	2025 年 1 月第 1 版　2025 年 1 月第 1 次印刷	
定　价	79.00	
书　　号	ISBN 978-7-5221-3605-9	

网址：http://www.aep.com.cn　　　　E-mail：atomep123@126.com
发行电话：010-68452845

前 言

PREFACE

近年来，随着全球经济一体化进程的加快和市场竞争的日趋激烈，企业战略管理的重要性日益凸显。

然而，传统的战略管理理论已难以完全适应新时代的需求。因此，构建一套科学、系统的现代企业战略管理理论，并不断探索其在新时代背景下的创新发展，成为了每一位企业管理者及研究者所必须面对的重要课题。为此，本书结合当前商业环境的特点和发展趋势，对企业战略管理的理论、方法、实践进行了全面梳理和深入研究，以期为企业在新时代背景下的战略决策提供参考和借鉴。

本书共分为七章。第一章现代企业战略管理概述，主要介绍了现代企业战略的概述、现代企业战略管理的内涵、现代企业战略管理的过程和现代企业战略管理者。第二章现代企业战略管理理论，着重阐述了现代企业战略管理的演变和现代企业战略管理理论流派。第三章现代企业战略分析，针对大环境分析、企业内部环境分析和战略分析方法进行介绍。第四章现代企业总体战略研究，从加强型战略研究、企业一体化战略探讨、多元化发展战略研究、收缩型战略研究和企业总体战略选择五个方面进行讨论。第五章现代企业国际化战略研究，介绍了现代企业国际化战略概述、现代企业国际化战略经营的选择、国际市场的进入模式、国际化战略实施的关键问题。第六章现代企业战略实施与控制，从现代企业战略的实施和现代企业战略的控制进行阐述。第七章现代企业战略的变革与时代发展创新研究，探讨了战略变革的内涵与类型、战略变革的时机与过程、战略变革的影响因素与实施、中国企业的战略创新与超越。

本书由南昌职业大学人才专项经费项目资助出版。

本书极具综合性和实用性。一方面，它不仅涵盖了现代企业战略管理的各个方面，形成了一套完整的理论体系，更紧密贴合现代企业管理的实际需求，注重理论与实践的融合。另一方面，本书特别关注了全球化背景下的企业战略，尤其是对中国企业国际化进程中的策略选择和挑战进行了深入剖析，为我国企业"走出去"战略提供了有价值的参考。

在本书的撰写过程中，得到了许多专家学者的悉心指导和同行同仁的热情帮助，在此表示衷心的感谢。同时，也要感谢广大读者对本书的关注和支持，希望本书能为您的学习和工作带来帮助和启示。最后，希望本书能成为企业管理者及研究者的良师益友，共同推动现代企业战略管理的理论创新和实践发展。

作　者
2024 年 6 月

目　录

CONTENTS

第一章 现代企业战略管理概述

第一节 现代企业战略的概述

一、战略的基本概念

战略，这个词汇在古代也被称为韬略，最初是军事领域的专业术语。它主要指的是战争中的谋略和策略。在《辞海》这部权威的词典中，对"战略"这一概念进行了明确的定义："这是一个军事术语，主要涉及到对整个战争的规划和指挥。在制订战略时，需要综合考虑敌对双方在军事、政治、经济、地理等多个方面的情况，全面考虑战争的整体状况，从而确定军事力量的准备和使用方式。"

"战略"这个词最早主要在军事领域中使用，但随着时间的推移，其应用范围逐渐扩大。现在，我们不仅可以在政治、经济、科技、文化、教育等领域看到它的身影，还可以在企业战略中找到它的影子。那么，什么是企业战略呢？

二、现代企业战略的定义和特征

（一）现代企业战略的定义

在现代企业管理中，战略已经成为一个至关重要的概念。企业战略，作为战略观念在企业经营管理领域的延伸，不仅仅是规划和方向，更是企业生存和发展的关键。这一概念最早在1938年由切斯特·巴纳德在其著作《经理的职能》中提出，自此以后，企业战略在全球企业管理中扮演着越来越重要的角色。要理解现代企业战略，我们首先需要明确其定义。虽然西方战略管理文献中并没有一个统一的定义，但各位学者从不同角度的描述为我们提供了丰富的视角。

1. 安德鲁斯的定义

安德鲁斯，这位来自美国哈佛商学院的知名教授，对企业战略有着独到的见解。他坚信，企业的总体战略其实质上是一种高层次的决策模式。此模式不仅为企业设定了明确的目的和目标，更为实现这些目标绘制了详尽的蓝图，包括应采纳的重大方针和具体执行计划。它引导企业明确自身的业务范畴，界定经济类型和人文组织的结构，甚至决定企业对内对外——员工、顾客乃至整个社会——应作出的经济与非经济的贡献。

在安德鲁斯的理论视野中，战略是要构建一个能将企业目标、政策和日常经营活动完美融合的模式。这种融合，使得企业能够塑造出自身独特的战略特质，进而在激烈的市场竞争中获得难以复制的优势。更为重要的是，战略决策的影响是深远且持久的，它会在很长一段时间内，对企业各方面的资源调配和行为模式产生决定性的影响。

安德鲁斯进一步指出，构建战略并非一蹴而就的过程，而是需要精心设计和打磨的。企业管理层的核心任务之一，就是要致力于提升战略的稳定性，确保其清晰、简洁，既易于内部员工理解，又能得到有效的贯彻执行。

2. 安索夫的定义

1965 年，伊戈尔·安索夫在其著作《公司战略》中，为我们提供了一种全新的视角来审视企业战略。他从战略的构成要素入手，深入剖析了企业战略的内在逻辑。安索夫认为，一个完整的企业战略，必须包含四个核心要素：产品与市场范围、增长向量、协同效果以及竞争优势。这四个要素之间相互依存、相互影响，共同决定了企业经营的方向和未来发展的目标。

安索夫特别强调，企业在谋划战略时，首要任务是明确自身的经营性质。他敏锐地指出，企业当前与未来的产品和服务之间存在着一条隐形的"共同经营主线"。这条主线，不仅是企业发展的脉络，更是指导内部管理的重要准则。通过深入分析和把握这条主线，企业能够更加清晰地认识到自己的发展方向，从而制订出更加贴合实际、更具前瞻性的战略。

此外，安索夫还提醒我们，企业的战略目标应该是寻求内外部利益相关者之间的平衡。这意味着，企业战略不仅要能够指引日常的生产经营活动，还要为企业的长远发展预留足够的空间。自安索夫的战略理论问世以来，西方战略管理的研究逐渐分化为两大领域：企业总体战略和经营战略。前者聚焦于企业应选择进入何种类型的市场，而后者则着眼于在选定的市场领域内，企业应如何展开有效的竞争。

3. 魁因的定义

美国管理学教授魁因，同样对企业战略有着深入的理解。在他看来，战略是一种高度集成的模式或计划，它能够将组织的核心目标、政策以及日常活动有序地融合在一起。一个完善的战略，不仅能够帮助企业根据自身的内部能力和外部环境的预期变化来合理配置资源，更能够预见并应对竞争对手的可能行动。

魁因进一步阐释了有效战略的三个基本组成部分：首先是明确且可达成的主要目标；其次是用于指导和约束企业经营活动的重要政策；最后是具体而可

行的活动程序或项目，这些程序和项目将在特定的条件下推动目标的实现。

他深刻指出，战略的真正价值在于为企业构建一种既强大又灵活的态势。这种态势，不仅为企业提供了多种实现目标的决策路径，更使得企业能够在面对外部环境的不确定性和风险时，迅速作出反应和调整。有效的战略，总是围绕着关键的战略概念和推动力来构建的，它不仅要能够应对那些可以预见的事件，更要能够应对那些未知和不可预见的情况。

4. 明茨伯格的定义

相比之下，明茨伯格的"5P"模型为企业战略提供了一个更为全面且灵活的框架。该模型强调战略的多元性，认为战略既是前瞻性规划（Plan），也是基于模式的识别（Pattern），是市场定位（Position），是竞争中的计策（Ploy），同时也是组织成员共有的心智模式或观念（Perspective）。这一模型鼓励管理者从不同角度审视战略，确保战略的制订与执行能够适应复杂多变的商业环境。

（1）战略是一种计划。战略是一种计划，是一种有意识有预计的行动，一种处理某种局势的方针。因此，战略具有两个本质属性：一是战略制订发生在企业经营活动之前，以备企业使用；二是战略是有意识有目的地开发的。一般来说，企业战略作为一种计划写进企业正式文件中，是公开而明确的。

（2）战略是一种计策。明茨伯格认为，在某些特定的环境下，企业把战略作为威慑和战胜竞争对手的一种"手段"。例如在市场竞争中，具有竞争优势的企业公布一份假的发展战略计划，以此来阻止竞争对手进入目标市场。此时的企业发展战略便在竞争中起到了"手段"的作用。

（3）战略是一种模式。明茨伯格认为，战略反映企业的一系列行动，是一种固定的模式。根据这个定义，无论企业是否事先对战略有所考虑，只要有具体的经营行为，就有战略；战略的计划性与战略的模式性这两种定义是相互独立的，战略是人类行为的结果，而不是设计的结果。

（4）战略是一种定位。明茨伯格认为战略最重要的属性是一种定位，是一个组织在自身环境中所处的位置。对企业来讲，最重要的就是确定自己在市场中的位置。企业在生产经营中既要考虑与单个竞争对手在面对面的竞争中处于何种位置，也需考虑在若干个竞争对手面前自己在市场中所处的地位，甚至企业还可以在市场确定一种特殊的地位，使得对手们无法与自己竞争。企业参与竞争成功与否取决于企业在市场中所处的位置和时机。

（5）战略是一种观念。明茨伯格还认为，企业的经营者对客观世界的不同认识会产生不同的经营效果，所以还应该把战略看成为一种观念，它体现组织中人们对客观世界固有的认识方式。作为一种观念，企业战略应该通过组织成员的期望和行为共享。

5．迈克尔·波特的定义

迈克尔·波特在其1996年的文章《战略是什么》中，将战略的核心本质归结为选择，这一观点在当今快速变化的市场环境中显得尤为重要。波特明确指出，战略不仅仅是提升运营效率，虽然高效的运营能够带来短期收益，但不足以构建持续的竞争优势。在波特看来，真正的战略在于差异化——企业必须精心挑选一组不同于竞争对手的活动，创造出独特的价值主张，从而在顾客心中占据独特的定位。这种差异化不仅体现在产品或服务上，更体现在整个价值创造链条上，包括成本结构、分销渠道、客户服务等各个方面。只有这样，企业才能避免陷入同质化竞争的红海，转而开拓或巩固自己的蓝海市场。

6．现代企业战略的综合理解

结合波特与明茨伯格的理论，现代企业战略可以被看作是在不确定性和动态性日益增强的市场中，企业为了实现可持续发展和竞争优势，所采取的一种系统性、前瞻性和动态调整的策略集合。它要求企业不仅要有清晰的目标设定和长期规划，还需具备灵活性和创新能力，能够在不断变化的环境中快速响应并调整战略方向。

现代企业战略实践中，企业需注重以下几点：

（1）差异化定位。在产品、服务或客户体验上寻求创新，建立难以复制的独特价值。

（2）动态能力。培养组织的学习和适应能力，快速响应市场和技术的变化。

（3）跨领域合作。在跨界融合的时代，企业应探索与其他行业伙伴的合作，共同开发新市场和解决方案。

（4）数字化转型。利用大数据、人工智能等技术优化运营，提升决策效率，并创造新的商业模式。

（5）可持续发展。将社会责任和环境保护纳入战略考量，实现经济、社会、环境三重底线的平衡。

（二）现代企业战略的特征

在当今快速变化且竞争激烈的市场环境中，企业战略成为引领企业持续、稳定发展的关键。为了更深入地理解企业战略的核心要素，我们有必要详细探讨一下现代企业战略的几个显著特征。

1．全局性

企业战略的首要特征是全局性。这一特征意味着，战略制订必须从企业的整体利益和发展需求出发，而非局限于某个部门或某个具体的业务环节。全局性的战略视角要求企业管理者站在一个更高的层次，对企业内部的各个环节以及外部环境进行全面、综合的考量。企业战略的全局性不仅体现在对企业内部资源的整合和优化上，还体现在对市场趋势、竞争对手以及政策法规等外部因素的敏锐洞察和灵活应对上。

全局性的战略有助于确保企业在发展过程中能够保持整体上的协调性和一致性，避免因局部利益而损害整体利益。同时，它也有助于企业在面对复杂多变的外部环境时，能够迅速做出反应，调整自身的经营策略，以抓住机遇、规避风险。

2．长远性

企业战略的长远性体现在其对企业未来发展方向的深远规划和预见性上。一个成功的战略不应仅仅关注眼前的利益，而应着眼于企业的长远发展。这就要求企业在制订战略时，必须充分考虑未来市场、技术、竞争态势等因素的变化，以及这些变化对企业可能产生的影响。通过这种前瞻性的思考，企业可以制订出更具持续性和竞争力的战略方案。

长远性的战略还有助于培养企业的核心竞争力。通过明确未来的发展方向和目标，企业可以更加专注于自身的优势领域，持续投入研发和创新，从而构建起独特的竞争优势。这种优势不仅能够使企业在当前的市场竞争中脱颖而出，还能够为企业的长期发展奠定坚实的基础。

3．方向性

企业战略的方向性是指其为企业未来发展提供明确的指引。在复杂多变的市场环境中，企业必须有一个清晰、明确的发展方向，以确保所有成员都能够朝着同一个目标努力。战略的方向性不仅体现在对企业整体发展方向的规划上，还体现在对各个业务部门和职能部门的具体发展目标的设定上。

有了明确的方向指引，企业就可以更加高效地配置资源、优化流程、提升效率，从而实现更快、更好的发展。同时，明确的方向也有助于激发员工的归属感和使命感，使他们更加积极地投入到工作中去，为企业的长远发展贡献自己的力量。

4．纲领性

企业战略还具有纲领性特征，即它不仅是企业发展的方向指引，还是企业各项活动的行动指南。一个科学的战略方案应该包含明确的目标、可行的行动计划以及相应的资源配置方案。这样，企业在实际运营过程中就可以根据战略方案来指导和协调各个部门的工作，确保各项活动都能够紧密围绕企业的整体发展目标来展开。

纲领性的战略还有助于提升企业的执行力和协同效率。通过明确的战略指导，各个部门可以更加清晰地了解自己的职责和目标，从而更加高效地开展工作。同时，战略纲领也可以作为企业内部沟通和协调的基础，促进各部门之间的信息共享和资源整合，提升企业的整体运营效率。

5．现实性

企业战略的现实性是指其必须基于企业当前的实际状况和环境来制订。一个脱离实际的战略方案不仅难以实施，还可能给企业带来严重的后果。因此，在制订战略时，企业必须对自身的能力、资源以及外部环境进行深入的剖析和评估，确保所制订的战略既具有挑战性又切实可行。

现实性的战略还有助于提升企业的应变能力和风险抵御能力。通过对自身实际状况的准确把握和对外部环境的敏锐洞察，企业可以在战略制订中预留出足够的弹性和调整空间。这样，在面对市场变化或突发事件时，企业就能够迅速调整战略方向和实施路径，确保自身的持续稳定发展。

6．竞争性

现代企业战略的一个重要特征就是竞争性。在激烈的市场竞争中，企业必须时刻关注竞争对手的动态和市场趋势的变化，以便及时调整自身的战略方向和实施策略。竞争性的战略要求企业对市场有深入的了解和准确的判断，能够迅速捕捉到市场机遇并做出有效的应对。

同时，竞争性的战略也强调向竞争对手学习并不断提升自身实力的重要性。通过对比分析竞争对手的优劣势以及成功经验和失败教训，企业可以更加清晰地认识到自身的不足和潜力所在，从而有针对性地制订改进措施和发展计划。这种学习性和对抗性相结合的战略思维有助于企业在市场竞争中保持敏锐的洞察力和灵活的应变能力，不断提升自身的竞争优势和市场地位。

7．复杂性

企业战略的复杂性源于其构建过程中需考量的多元因素。在制订企业战略时，管理者必须综合考虑环境因素、企业自身的客观条件以及企业的主观目标。环境因素包括市场动态、政策变化、技术进步等；企业自身条件涉及资源、能力、文化等多个方面；而主观目标则体现了企业的愿景、使命和核心价值观。这些因素不仅数量众多，而且随着时间的推移会不断演变，使得战略制订成为一个高度复杂的过程。

这种复杂性要求企业管理者具备全面的视野和深入的分析能力，以便在各种因素之间找到平衡点，构建出既符合企业实际又富有前瞻性的战略。同时，战略的复杂性也意味着在执行过程中需要不断的调整和优化，以适应内外部环境的变化。

8．风险性

企业战略的长远性和稳定性使其在一定程度上具有风险性。当企业过度依赖既定的战略规划时，一旦外部环境发生显著变化，企业可能会因遵循原有战略而偏离正确的发展方向。这种风险性体现了战略的双刃剑特性：一方面，合理的战略规划能为企业提供明确的发展方向和行动指南；另一方面，僵化的战略也可能束缚企业的手脚，使其错失市场机遇或陷入困境。

为了降低战略风险，企业需要建立灵活的战略调整机制，以便在环境变化时能够迅速响应并调整战略方向。同时，培养企业的战略敏锐度和创新能力也是抵御风险的重要手段。

9．稳定性

企业战略需要保持相对的稳定性，以确保其能够在各个部门得到有力的贯彻和落实。这种稳定性不仅有助于提高企业的运营效率，还能在员工中培养对战略的信任和认同感。然而，稳定并不意味着一成不变。当企业的外部环境和内部条件发生重大变化时，战略性的调整或转移是必要的。

战略的稳定性要求企业管理者在制订战略时具备长远视野，同时要有坚定的执行力，确保战略在实施过程中不被轻易动摇。在战略需要调整时，也应以审慎的态度进行，避免过于频繁或剧烈的变动对企业造成不利影响。

10．创新性

在快速变化的市场环境中，创新已成为企业战略不可或缺的一部分。企业战略的创新性体现在其能够适应时代潮流，不断进行自我更新和完善。这种创新性不仅要求企业在产品和服务上进行创新，更要在战略思维和管理模式上进行革新。

创新性的企业战略能够帮助企业抓住市场机遇，应对各种挑战。通过创新，企业可以打破常规，探索新的增长点，从而在激烈的市场竞争中脱颖而出。同时，创新也是企业培养核心竞争力和实现可持续发展的关键所在。

正如管理大师彼得·德鲁克所言，"创新是企业家的具体工具，是他们利用变化作为开创一种新实业和一项新服务的机会的手段。"因此，在制订和实施企业战略时，必须始终保持创新精神，以应对不断变化的市场环境和企业发展需求。这种创新性不仅体现在战略内容的创新上，更体现在战略制订和实施过程中的思维方式和方法的创新上。只有这样，企业战略才能真正成为引领企业发展的强大动力。

三、现代企业战略的构成要素

在现代企业管理中，战略构成要素的明确和理解对于企业的长远发展至关重要。企业战略不仅关乎企业的方向和目标，还涉及企业资源的配置和行动计划的制订。众多学者对企业战略的构成要素进行了深入研究，其中安索夫的四要素说和伊丹敬之的三要素说备受关注。接下来，我们将详细探讨这两种观点，并对企业战略的构成要素进行更全面的解读。

（一）安索夫的四要素说

安索夫提出的四要素说，深入剖析了企业战略的核心组成部分，这四个要素相互关联，共同构成了企业的"共同经营主线"。

1．产品与市场范围

这一要素明确了企业在哪个行业和市场中运营，并揭示了企业在该行业或市场中的地位。为了更精确地描述这条"共同经营主线"，我们通常需要深入到分行业层面，而非仅停留在大行业层面。分行业指的是在大行业内，具有相似产品、市场、使命和技术的小行业。明确产品与市场范围有助于企业更好地定位自己，从而制订更精准的市场策略。

2．增长向量

增长向量，或称成长方向，指明了企业从当前的产品与市场组合向未来目标移动的路径。这包括市场渗透、市场开发、产品开发等多种经营策略。它不仅揭示了企业在行业内的成长方向，还展示了企业跨越行业界限的意图。增长向量是对产品与市场范围的重要补充，共同描绘了企业的成长蓝图。

3．竞争优势

竞争优势反映了企业在特定产品与市场组合中的独特性和由此带来的市场地位。迈克尔·波特提出的差异化战略、成本优势战略和集中一点战略，都是企业获取竞争优势的重要途径。明确和巩固竞争优势，对于企业在激烈的市场竞争中脱颖而出至关重要。

4．协同作用

协同作用强调了企业内部各要素之间的联合和协调，以达到"1+1>2"的效果。这种协同不仅体现在销售、运营和管理等各个层面，还是衡量企业新项目和市场策略成功与否的关键指标。通过有效的协同，企业能够整合资源，提升整体效能，从而在市场中获得更大的竞争优势。

（二）伊丹敬之的三要素说

伊丹敬之的三要素说则从另一个角度剖析了企业战略的构成，他强调了产品市场群、业务活动领域和经营资源群的重要性。

1．产品市场群

这一要素聚焦于企业的产品和市场领域，帮助企业明确自己的主营业务和市场定位。通过深入了解产品市场群，企业可以更加精准地把握市场需求，从而调整产品策略，满足消费者需求。

2．业务活动领域

业务活动领域指的是企业在整个市场链中承担的角色和活动范围。明确业务活动领域有助于企业合理分配资源，优化运营流程，从而提升整体运营效率。

3. 经营资源群

经营资源群反映了企业整合和开展经营活动所需的各种资源和能力。这包括物质资源、人力资源、技术资源等。通过不断积累和整合这些资源，企业可以构建起强大的竞争优势，为长远发展奠定坚实基础。

四、现代企业战略的结构层次

在现代企业管理体系中，战略被视作引导企业达成目标、完成使命的综合性规划。企业的目标和使命具有多层次性，从总体目标到各事业部、各职能部门的具体目标，这些目标共同构成了一个完整的目标体系。因此，企业战略不仅需要明确企业的总体目标和达成这些目标的方法，还需要详细阐述企业内每一层次、每一类业务以及每一部分的具体目标和实施路径。一般来说，典型的企业战略可以分为三个层次：公司战略、经营战略和职能战略。

（一）公司战略

公司战略，又称总体战略，位于企业战略的最高层次，是企业最高管理层指导和控制企业一切行为的最高行动纲领。这一层次的战略主要解决企业全局性、长远性的重大战略决策问题，协调所属各经营单位的经营活动，以及合理有效地配置企业资源。公司战略不仅描绘了企业在增长、多种业务和产品种类的管理等方面的态度和方向，还为企业未来的发展提供了宏观指导和规划。

企业管理者在制订公司战略时，应深入分析企业的内外部环境，根据企业的宗旨和战略目标，以及企业在行业中所处的地位和水平，来确定覆盖公司全部业务的总体战略。这一过程中，需要侧重于两个方面的考虑：一是企业应选择哪些行业领域进行生产经营以实现长期利润最大化；二是企业应选择何种战略来进入或退出某个行业领域。

（二）经营战略

经营战略，又称业务部战略，是在企业总体战略的指导下，由某一战略经营单位（业务部）制订的战略计划。它是公司战略框架下的子战略，为企业的整体目标服务。经营战略主要解决企业在特定行业、产品或市场领域内如何与竞争对手展开竞争的问题，以及如何正确分析和把握不断出现的机会和威胁等方面的战略措施。它还包括确定企业在行业和市场中的定位，以及如何巩固和提高这种地位的政策措施；企业与资源供应者和产品销售者应建立的关系方针和政策；企业如何建立和发挥自身优势，以及如何与竞争对手开展竞争的规划；以及经营单位内部各职能部门如何可靠地支持和实施经营单位战略的要求和措施。

在制订经营战略时，企业应侧重于以下几个方面：如何贯彻企业的宗旨；明确企业发展的机会与威胁；如何达到企业发展的总体目标和要求；以及确定经营战略的重点、战略阶段和主要措施。经营战略将公司战略中规定的方向和意图具体化，成为更为明确的针对各项经营事业的目标和策略，重点强调企业产品或服务在某个产业或事业部所处的特定细分市场中竞争地位的提高。

（三）职能战略

职能战略通常发生在生产、营销、研发等职能领域。这一层次的战略主要是以公司战略和经营战略为依据，来确定各职能领域中的短期经营目标和战略。职能战略一般包括生产战略、营销战略、研究和开发战略、财务战略和人力资源战略等。这些战略为各职能部门的管理人员提供了清晰的行动指南，使他们能够更加明确地认识到本职能部门在实施企业总体战略与经营战略中的责任和要求。

在制订职能战略时，企业应侧重于确定每个职能部门的权力和职责；将公司战略、经营战略具体化，寻求达到企业总体目标的途径；以及确定职能战略的重点、战略阶段和主要战略措施。各个职能部门通过最有效的利用资源来实现公司和业务部的目标和战略，从而共同推动企业的整体发展。

第二节　现代企业战略管理的内涵

一、现代企业战略管理的概念

（一）现代企业战略管理的定义

战略管理的概念，自 1976 年由安索夫在其经典之作《战略计划走向战略管理》中首次提出以来，已成为企业管理领域的重要理念。安索夫将战略管理定义为将企业的日常业务决策与长期计划决策紧密结合，从而构建出一套完整且高效的经营管理业务体系。这一理念不仅引领了企业管理的新方向，更在实践中不断得到验证与发展。

要深入理解战略管理的内涵，我们可以从广义和狭义两个角度来探讨。广义的战略管理，正如安索夫所强调的，是一种运用战略思维来全面管理企业的方式。它不仅仅局限于具体的策略制订和实施，更在于一种全局性、长远性的思考方式，旨在引领企业在复杂多变的市场环境中保持竞争优势。而狭义的战略管理，则以斯坦纳为代表，更加注重战略管理的实际操作过程，包括战略的制订、实施、控制和修正等一系列具体活动。这种理解方式更侧重于战略管理的工具性和方法性，为企业管理者提供了更为具体的操作指南。

进一步来说，战略管理在现代企业中有着丰富的内涵和显著的特点。首先，它是一种高层次的管理活动，核心在于对企业当前及未来整体经营活动的深入规划和精准布局。这一过程中，企业的高层管理人员发挥着至关重要的作用。他们不仅需要具备深厚的行业洞察力和前瞻性思维，还要能够带领团队将战略愿景转化为切实可行的行动计划。

其次，战略管理强调整体性。它不仅仅关注某一职能或某一业务领域的战略制订和实施，更在于统筹协调企业内部的各项资源，确保各项战略在整体上形成合力。这种整体性的管理思维有助于企业在激烈的市场竞争中保持灵活性和应变能力，从而更好地把握市场机遇和应对挑战。

再者，战略管理的决策过程需要众多利益相关者的共同参与。这些利益相关者包括股东、员工、客户、供应商等能够影响企业绩效或被企业绩效所影响的个人和团体。他们的需求和期望在战略制订过程中必须得到充分的考虑和平衡。只有这样，企业才能制订出既符合自身发展需要又能满足各方利益的战略决策。

此外，战略管理还是一种动态性的管理过程。它要求企业根据内外部环境的变化不断调整和优化自身的战略布局。这种动态性不仅体现在战略制订的灵活性上，更在于战略实施过程中的实时监控和及时反馈。通过不断调整和优化，企业可以确保自身的战略始终与市场需求和企业发展目标保持高度一致。

最后，战略管理强调效能的提升。它要求企业在资源配置和利用上达到最优状态，确保所有的精力和资源都投入到实现整体目标的关键活动上。通过精确的战略定位和高效的资源利用，企业可以在激烈的市场竞争中脱颖而出，实现持续稳健的发展。

（二）现代企业战略管理的相关范畴

在现代企业管理体系中，战略管理与经营管理、长期计划等概念既相互联系又有所区别。

战略管理是经营管理的延伸和发展。经营管理主要关注企业日常的运营活动，包括生产、销售、财务、人力资源等方面的管理。而战略管理则在经营管理的基础之上，从更高、更广的视角来审视和规划企业的发展。它不仅考虑企业当前的运营状态，更注重企业未来的发展方向和目标，以及为实现这些目标所需采取的行动和资源配置。

与此同时，战略管理与长期计划也存在明显的差异。长期计划通常是企业为实现某一长远目标而制订的详细行动计划，它关注的是目标的实现路径和资源的分配方案。然而，战略管理不仅涵盖计划的制订和实施，还包括对计划执行过程的监控、评估和调整。战略管理是一个动态、循环的过程，它要求企业根据内外部环境的变化，不断调整和优化战略方案，以确保企业战略目标的实现。

二、现代企业战略管理理论的产生与发展

（一）现代企业战略管理理论的产生

自 20 世纪以来，科技发展的步伐日益加快，产业结构也随之发生了翻天覆地的变化。全球经济在这一时期呈现出前所未有的繁荣景象，但与此同时，企业间的竞争也变得更为激烈。市场环境日趋复杂和严苛，企业不得不面对更高的经营风险与挑战。

在这样的时代背景下，企业的生存和发展不再仅仅取决于其短期的经营状况，而更多地依赖于企业如何根据对未来市场趋势的预测来制订长远且富有前瞻性的战略决策。换句话说，单纯地依靠日常的经营管理和职能优化已经无法满足现代企业在激烈竞争中的需求。

面对复杂多变的内外部环境，企业的高层管理者开始深入思考如何确保企业的长远发展。他们的关注点逐渐从企业内部资源的有效利用和具体职能的优化，转向了更为宏大的外部环境变化和长期战略规划。这是因为他们深知，只有紧密关注并准确预测市场环境的变化，以及这些变化对本行业和本企业可能带来的深远影响，才能有效利用企业手中的资源，抓住转瞬即逝的市场机遇，并成功规避潜在的经营风险。

在这一思潮的影响下，一些具有前瞻性的企业开始率先尝试实施战略管理。他们通过对市场环境的深入分析，结合企业自身的实际情况，制订了具有针对性的战略规划和实施方案。这些企业在实践中逐渐发现，战略管理不仅能够帮助他们更好地应对市场的变化和挑战，还能够显著提升企业的整体竞争力和经营绩效。

随着这些成功案例的不断涌现，战略管理的理念逐渐得到了更广泛的认可和接受。越来越多的企业开始意识到，只有站在战略的高度来审视和规划企业的发展，才能在激烈的市场竞争中立于不败之地。因此，现代企业战略管理理论应运而生，并迅速成为企业管理领域的重要分支。这一理论不仅为企业提供了全新的管理视角和方法论指导，还为企业实现可持续发展奠定了坚实的基础。

（二）现代企业战略管理理论的演变

企业战略管理，这一理念自 20 世纪初期开始萌芽，经历了近一个世纪的演变与发展，逐渐形成了今天比较系统的理论体系。从历史的视角来看，战略管理理论的演变大体可以分为四个阶段：战略规划为中心的战略管理理论、环境适应为基点的经典战略管理理论、产业组织理论为基础的竞争战略理论，以及资源为基础的核心竞争力战略理论。

1. 战略规划理论

战略规划理论起源于 20 世纪 60 年代，这一理论主要探讨如何将市场商机与企业资源进行有效匹配，并深入研究战略规划在企业运营过程中的重要作用。安德鲁斯、克里斯滕森和安索夫等学者是这一时期的代表人物，他们的研究为战略规划理论奠定了基础。

在 20 世纪 60 年代至 70 年代初，规划思想在企业战略管理学中占据了举足轻重的地位。这一时期，美国管理学家钱德勒的《战略与结构》一书对企业战略问题的研究产生了深远影响。钱德勒强调，企业经营战略应当随着环境的变化而灵活调整，同时企业内部的管理结构也应当根据战略方向的转变而相应改变。

安德鲁斯在钱德勒的战略思想基础上，融入了塞尔兹尼克的独特竞争力概念，提出战略是市场机遇、企业能力、个人激情以及社会责任四者的有机结合。在哈佛商学院，安德鲁斯和克里斯滕森共同构建了战略规划的基本理论体系，该体系包括资料的收集与分析、战略制订、评估、选择与实施等一系列步骤。这一方法的核心在于如何精准匹配企业的能力与市场竞争环境中的商机。

企业的战略规划在这一时期被细化为四个具体步骤：首先是深入研究企业的外部环境以及内部能力，这包括对地区、国家乃至全球政治、经济、技术等因素的全面分析，以及对企业内部财务、管理、组织能力以及声誉和历史的评估。其次，将企业所面临的市场机遇、潜在风险与资源的优劣势进行综合分析。再次，通过科学的决策过程确定市场机遇与企业资源的最佳匹配点。最后，制订具体的战略决策和规划。

然而，随着市场环境的不断变化，传统战略规划的静态和单向性逐渐暴露出其局限性。因此，学者们开始意识到战略规划应当是一个动态循环的过程，需要不断根据新环境进行调整和优化。

2. 环境适应理论

进入 20 世纪 70 年代，环境适应理论开始受到广泛关注。在此之前，战略规划理论曾一度占据主导地位，人们普遍认为一切都可以在控制之中。然而，随着世界性经济危机的频繁出现，战略规划的实用性受到了严重质疑。面对 20

世纪 70 年代环境的急剧变化和激烈的国际竞争，战略规划显得力不从心，无法再对未来市场的走向进行准确预测。

特别是在 1979 年至 1983 年美国经济衰退期间，战略规划逐渐向战略管理转变。战略管理强调战略规划与战略问题的有机结合，它综合考虑了技术、经济信息变量以及心理和政治因素之间的相互作用。在这一转变过程中，组织社会学的研究成果也被纳入战略管理的范畴。

环境适应理论的学者们将环境的不确定性作为战略研究的重中之重，他们更加关注企业如何灵活适应不断变化的市场环境。为了更好地应对不确定性，研究者们引入了脚本分析的方法，通过假设不同的市场环境来设计出相应的战略决策。在这种背景下，管理不确定性逐渐成为了企业的核心竞争力之一。

然而，环境适应理论也存在一个明显的不足：缺乏有效的分析工具来指导企业实践。尽管该理论在宏观上强调了企业要主动适应环境的重要性，但对于企业在成长过程中如何选择合适的行业、如何积累和形成持久竞争优势、如何与同行竞争以及针对不同竞争环境应采取何种对策等具体问题并未给出明确的指导方针。这也为后续的战略管理理论发展留下了广阔的空间。

3. 产业组织理论的竞争战略

继环境适应理论之后，产业组织理论的竞争战略在现代企业战略管理中占据了重要的地位。由于环境适应理论在资源有效配置和竞争战略制订方面的不足，战略学家们开始寻找新的理论支撑。在这一探寻过程中，哈佛商学院的迈克尔·波特教授取得了显著的突破。

波特在 1980 年出版的《竞争战略：产业和竞争者分析技巧》和 1985 年出版的《竞争优势》中，将产业组织理论中的"结构－行为－绩效"分析模式巧妙地融入战略管理研究，从而提出了基于产业（市场）结构分析的竞争战略管理理论。这一理论为企业如何在复杂的市场环境中制订有效的竞争战略提供了新的视角。

波特认为，企业的盈利能力并非偶然，而是取决于其选择的竞争战略。他强调，选择有吸引力、潜在利润高的产业，以及在这些产业中取得竞争优势地位，是企业成功的关键。为了深入分析产业结构，波特提出了著名的五种竞争力量模型，包括进入威胁、替代威胁、买方议价能力、供方议价能力和现有竞争对手的竞争。这五种力量的相互作用，决定了产业的吸引力和潜在利润。

在产业分析的基础上，波特进一步提出了三种通用的竞争战略：低成本领先战略、特色经营或产品差异化竞争战略，以及目标集中战略。这些战略为企业如何在不同的市场环境中取得竞争优势提供了具体的指导。

产业组织学派的竞争战略理论相较于传统战略管理理论有着显著的进步。它强调了市场结构对企业运营的重要性，指出顺应行业趋势是企业战略决策的核心。同时，该理论也强调了从成本和差异化两方面来赢取市场的关键性。然而，这一理论也存在一定的局限性，即它缺乏对企业内部条件的深入分析，从而难以解释一些不符合理论预期的企业现象。

4. 以资源为基础的核心竞争力理论

随着20世纪80年代中后期信息技术的飞速发展，企业开始更加注重提升自身竞争力。在这一背景下，以资源、知识为基础的核心竞争力理论应运而生。

资源基础理论的核心假设在于：企业拥有众多有形和无形的资源，这些资源可以转化为企业的竞争优势。这些资源在市场竞争中难以被模仿，因此构成了企业持久竞争优势的基石。

该理论将企业视为一系列独特资源的组合体，并认为企业的盈利能力主要取决于其长期拥有并运用关键技术和资源的能力，这些能力和资源共同构成了企业的核心竞争力。

资源基础理论进一步分为两个分支：一个侧重于资源的作用，另一个则强调能力的重要性。其中，核心竞争力理论继承了战略管理的传统理念和芝加哥产业经济理论的精华。它认为，企业战略管理的核心在于培养和提升企业对自身战略资源的独特运用能力。这一理论强调，企业本质上是多种能力的集合体，而积累、保持和运用这些能力以开拓市场，是决定企业长期竞争优势的关键因素。企业的能力储备直接影响着其经营范围和市场竞争地位。

虽然资源基础理论对迈克尔·波特的价值链分析模型进行了修正和完善，但它也存在一定的缺陷。例如，该理论过于关注企业内部资源和能力，而忽视了对外部环境的深入分析。此外，它也未能充分解释如何创造新的资源。同时，由于缺乏坚实的实证基础和微观理论基础，以及无法准确评估资源的价值，再加上缺少简洁明了的分析工具，这些都使得资源基础理论在实际应用中的价值受到一定影响。尽管如此，该理论仍为企业战略管理提供了宝贵的视角和思路。

（三）现代企业战略管理理论的新发展

进入21世纪，随着全球化进程的加速和科技的日新月异，企业所面临的竞争环境愈发复杂多变。传统的战略管理理论，在面对这种快速变化的市场环境时，显得力不从心。因此，新的动态企业战略管理理论应运而生，以适应这种新的竞争态势。这一新理论主要分为两个学派：动态能力论和竞争动力学方法。

1. 动态能力论

动态能力论是一种全新的战略管理视角，它特别关注于企业在快速变化的市场环境中的适应能力和创新能力。这一理论主要聚焦于基于创新的竞争、价格竞争、行为竞争以及打破现有竞争格局的策略。它弥补了以往战略理论中未曾深入探讨的两个重要方面。一方面是"动态"的概念。在快速变化的市场环境中，企业必须具备重塑自身竞争力以适应不断变化的市场环境的能力。这种动态调整的能力，特别是在市场变化迅速、技术更新换代加快、未来竞争态势和市场格局难以预测的情况下，显得尤为重要。它要求企业能够对创新做出快速而准确的反应，以抓住市场先机。另一方面是"能力"的概念。这里的能力，不仅仅是指企业所拥有的资源和技能，更是指企业如何有效地运用、整合和再造这些资源和能力，以满足市场环境的不断变化。这种能力的构建和提升，是企业保持竞争优势的关键。

2. 竞争动力学方法

竞争动力学方法是基于竞争力模式理论、企业能力理论和企业资源理论而发展起来的。它主要通过分析企业内外部影响经营绩效的主要因素——特别是企业间的相互作用——来探讨在动态竞争环境下，企业应如何制订和实施有效的战略管理决策。

这一方法的核心在于分析参与竞争的企业质量、企业的竞争速度和灵活性。它旨在回答一个问题：在充满变数的竞争环境中，企业如何才能获得超过行业平均水平的收益，并持续保持其竞争优势？

竞争动力学的研究成果已经被广泛地应用于战略管理的实践中。它首先研究企业之间的竞争作用，探究这些作用产生的原因及其发生的可能性。其次，它深入分析和评估影响企业竞争能力的各种要素。最后，它对比不同条件下的竞争结果，以评估不同战略决策的实际效果。

三、现代企业战略管理的利弊分析

在现代商业环境中，企业战略管理被赋予了极高的重要性。通过实施科学有效的战略管理，企业能够显著提升自身竞争力，进而实现盈利增长和长远发展。然而，任何管理方法都非完美，企业战略管理同样存在其利弊。

（一）现代企业战略管理的利益

企业战略管理的积极作用不容忽视。

首先，它有助于企业设定清晰、长远的发展目标，明确未来的发展方向。在这样的指引下，企业能够在激烈的市场竞争中保持稳健的步伐，既关注当前的业绩，也着眼于未来的发展，从而确保企业持续的动力输出。

其次，战略管理有助于企业准确判断自身的市场定位。基于这一定位，企业可以制订出切合实际的经营战略，推动企业的持续发展。此外，面对外部环境的威胁与挑战，战略管理能使企业更加积极主动地应对，而非被动挨打。

再次，战略管理还能激发员工的积极性和创造力。通过将企业战略与日常经营计划紧密结合，可以确保局部目标与整体目标的一致性，进而充分调动各级管理人员参与战略管理的热情，最大化地利用企业资源。

最后，战略管理还推动企业全面实现管理现代化，包括管理思想、组织架构、人员配置以及管理方式和手段等各个方面，有力推动企业向现代企业制度转型。

（二）现代企业战略管理的弊端

然而，企业战略管理也存在一些不容忽视的弊端。首要的问题是战略方向与市场趋势的匹配度。如果企业的战略方向未能与市场趋势保持同步，那么企业可能会陷入潜在的风险之中，甚至可能走向衰败。

此外，战略管理强调集体行动的协调性。但过度的集体化行动可能导致"团体思维"和"惯性思维"的产生，这两种思维方式都可能限制企业多样化发展的可能性，使得企业在面对市场变化时缺乏足够的灵活性和创新性。

另一个需要警惕的问题是战略管理的真实性。有时，企业战略可能虚假地反映现实状况，导致企业决策者对市场和竞争环境的误判。这种情况可能使企业陷入生存困境，甚至面临破产的风险。

第三节　现代企业战略管理的过程

在现代企业中，战略管理是一个系统化、动态化的过程，它不仅关乎企业的长远发展，还涉及企业在市场中的定位和竞争优势的构建。下面，我们将详细探讨现代企业战略管理的关键步骤。

一、明确企业的愿景与使命

企业战略管理的第一步，就是要清晰地确定企业的愿景和使命。这一步骤并不是凭空而来，而是需要企业深入调研和分析其所处的内外部环境。这些环境包括市场动态、行业竞争状况、政策法规、技术进步以及企业内部资源等多个方面。通过对这些因素的全面考量，企业能够更准确地把握市场机遇，从而确立既符合实际又具有前瞻性的使命。

企业的愿景通常描述了企业希望在未来成为什么样的组织，而使命则阐明了企业的核心价值和存在意义。这两者不仅为企业内部员工提供了共同的价值观和行动指南，也是企业向外界展示其社会责任和发展雄心的窗口。

在确定愿景和使命的过程中，企业需要广泛征集内部和外部的意见，确保最终形成的愿景和使命既具有广泛的认同感，又能引领企业向更高的目标迈进。

二、深入进行战略分析

明确了愿景和使命后，下一步就是进行深入的战略分析。这一步骤包括对企业外部环境和内部环境的全面剖析。

外部环境分析主要关注那些对企业经营产生直接或间接影响的外部因素。其中，一般环境涉及经济、社会、政治和技术等多个宏观层面，这些因素虽然不直接作用于企业的日常运营，但会对企业的长期发展战略产生深远影响。而直接环境则主要关注与企业有直接业务往来的竞争对手、客户、供应商等，这些因素的变化往往直接影响到企业的市场地位和盈利能力。

内部环境分析则主要聚焦于企业自身的资源和能力。这包括企业的人力资源、财务资源、技术资源以及组织能力等。通过深入分析这些内部因素，企业可以更加清晰地认识到自己的优势和劣势，从而为后续的战略制订提供坚实的依据。

三、科学设定战略目标

在完成了深入的战略分析后，企业就需要根据自身的愿景和使命，结合内外部环境分析的结果，来科学设定战略目标。这些目标应该是具体、可衡量且可实现的，同时也要与其他目标保持协调一致。

战略目标的设定不仅仅是一个数字或指标的确定过程，更是一个将企业愿景和使命转化为实际行动计划的过程。它要求企业不仅要考虑当前的市场环境和竞争态势，还要预见未来的市场变化和行业趋势。

此外，战略目标的设定还需要充分考虑到企业内部和外部的利益相关者。这包括企业的股东、员工、客户、供应商以及社会公众等。通过平衡各方利益，企业可以确保战略目标的实施不仅有利于企业的长期发展，还能为社会创造更大的价值。

四、精心选择战略方案

确定战略目标只是企业战略管理的第一步。接下来，企业需要构思并选择能够实现这些目标的战略方案。企业决策者在此阶段发挥着举足轻重的作用。他们需要根据企业的实际情况，结合对未来环境的预测，制订出多个可行的战略方案。

在选择战略方案时，"科学性"是首要考虑的因素。这意味着方案不仅要基于详实的数据分析，还要考虑到市场环境、竞争对手、客户需求等多方面的因素。同时，"民主"原则也要求决策者在选择过程中充分听取各方意见，确保方案的广泛接受性。

"创新"是企业持续发展的动力。在选择战略方案时，企业应注重创新思维，敢于尝试新的方法和路径。而"协作"原则则强调团队之间的紧密配合，确保战略方案的顺利实施。

企业战略选择的过程，实际上是对市场机会和威胁进行深入分析后，提出长期目标，并制订相应的经营战略方案。这些方案不仅要明确企业的长期发展方向，还要细化到近期的经营目标和策略。

五、确定职能战略

企业总体战略确定后，下一步是将这一战略细化到各个职能层面。这包括研发、生产、市场、营销、财务、人力资源等多个方面。职能战略的制订，旨在确保企业总体战略在各个层面的有效执行。

在制订职能战略时，管理者需要充分考虑到各部门的特性和需求。例如，研发部门可能需要更多的创新资源和自主权，而市场部门则可能需要更灵活的市场策略和更强大的销售团队。通过合理的资源配置和策略制订，可以实现企业整体效益的最大化。

此外，各部门之间的协同关系也至关重要。管理者需要处理好各部门之间的衔接和配合，确保总体战略的顺利实施。

六、战略的实施与控制

战略方案确定后，企业需要将其付诸实施。这一过程中，企业需要明确各项战略活动，并确保各项工作任务、组织结构、人员配置、技术支持和报酬制度等都得到有效协调和运用。

然而，战略实施过程中难免会遇到各种挑战和偏差。这可能是由于市场环境的复杂性、内部资源的限制或员工执行力的差异等原因造成的。因此，企业需要建立一套有效的控制系统，及时检测和纠正这些偏差。

战略控制主要由企业高层负责。他们需要密切关注战略实施的进展情况，及时发现问题并采取措施进行纠正。同时，为了实现有效控制，高层管理者还需要与中低层员工保持密切沟通，获取真实、准确的信息反馈。

七、战略变革

战略管理并非一成不变。随着市场环境和企业内部条件的变化，企业可能需要进行战略变革以保持其竞争优势。这种变革可能涉及业务模式的调整、组织结构的优化、资源配置的重新分配等方面。

战略变革是企业适应市场变化、抓住新机遇的重要方式。通过变革，企业可以灵活应对外部环境的变化，保持并提高其在市场竞争中的地位。同时，战略变革也是企业战略管理能力的重要体现，它要求企业具备前瞻性和创新性，能够预见并引领市场的未来发展趋势。

在实施战略变革时，企业需要充分考虑各种风险因素，并制订相应的应对措施。同时，企业还需要加强与员工的沟通与协作，确保变革的顺利实施并取得预期效果。

第四节　现代企业战略管理者

一、现代企业战略管理者的构成

在现代企业管理体系中，战略管理者的角色和构成显得尤为重要。他们是引领企业航向的舵手，负责制订和实施关键的战略决策，从而确保企业在复杂多变的市场环境中稳健前行。现代战略管理者的构成包括企业的董事会、高层管理者、各事业部经理、职能部门管理者、专职计划人员。

（一）董事会

董事会作为企业的最高决策机构，在战略管理过程中发挥着引领和监督的双重作用。他们不仅需要对企业的长期发展方向进行审视和调整，确保战略与企业的愿景和使命相契合，同时还需要对高层管理者的战略制订和实施能力进行评估和监督。

董事会的成员们，尤其是独立董事，凭借其丰富的行业经验和专业知识，为企业的战略制订提供宝贵的建议和指导。他们通过审批和监督战略计划，确保企业的战略行动既符合股东利益，也有利于企业的长远发展。在必要时，董事会还会直接介入战略制订和实施过程，以确保战略的有效性和可行性。

值得一提的是，董事会在评价高层管理者的战略管理工作时，始终保持着高度的警觉和严谨性。他们密切关注市场动态和企业业绩，一旦发现有任何偏离战略方向或业绩不佳的情况，便会及时采取措施，包括但不限于调整战略、更换高层管理者等，以确保企业始终沿着正确的轨道前进。

（二）高层管理者

在董事会之下，企业的首席执行官及其他高级经理人员则肩负着战略制订和实施的重任。他们不仅需要深入理解企业的内外部环境，还需要准确把握市场动态和竞争态势，从而制订出既具有前瞻性又具有可行性的战略计划。

首席执行官作为企业的掌舵人，其战略视野和决策能力直接关系到企业的生死存亡。他们需要与各方面首席官及副总紧密合作，共同参与到战略制订的过程中来，确保战略的全面性和协调性。同时，他们还需要具备强大的执行力和协调能力，以确保战略能够得到有效实施。

除了首席执行官外，其他高层管理者也在战略制订和实施过程中发挥着重要作用。生产副总裁、市场营销副总裁和财务副总裁等分别负责各自领域的战略制订和实施工作。他们与首席执行官紧密配合，共同推动企业战略的落地执行。

（三）各事业部经理

各事业部经理，作为企业经营活动中不可或缺的一环，他们通常管理着如工厂、销售区域或地区分公司等核心经营单元。这些经理不仅承担着现场管理的重任，还需要在其负责领域内深入细化并实施战略计划。他们的工作远不止于执行上层的战略指示，更包括在上级的指导下，结合实际情况制订适合本部门的战略，并探寻实现这些战略的最佳路径和方法。

尽管他们在公司组织结构中的位置可能相对较低，战略制订的范围和深度可能有所限制，但每一位事业部经理在其职责范围内都是一位重要的战略家和执行者。他们的决策和行动直接影响到整个战略计划的成功与否。

（四）职能部门管理者

在各个事业部内，还有一群专门负责特定职能的管理者，如制造、市场营销、销售、财务、研发以及人力资源等部门的领导。他们在各自的领域内拥有直接的管理权和决策权，其核心职责是确保各自部门的战略得到有效执行，并为整个事业部的总体战略提供坚实的支持。

这些职能部门的管理者通常对他们所负责的业务领域自负盈亏，拥有高度的自主权和领导权。他们的战略执行能力和决策水平直接影响到整个事业部的运营效率和业绩。

（五）专职计划人员

在一些业务繁忙的公司中，为了更有效地执行和审定战略，往往会设立专门的战略部门或小组。这些专职计划人员可能是由公司高层管理人员兼职组成，也可能是由全职战略专家构成。他们的主要任务是协助高层进行战略规划和审定，确保战略的科学性和可行性。

此外，值得一提的是，不同规模的企业在战略管理者的设置上可能存在差异。在大型业务公司中，上述五个层级的战略管理者较为常见。然而，在小型企业中，战略管理者的层次可能会相对简化，主要集中在前两个层级。但无论如何，战略管理者的核心队伍始终包括首席执行官、主要战略家、副总裁、部门领导以及各经营单元的管理者等关键角色。他们共同肩负着制订和执行企业战略的重任，引领企业走向成功。

二、现代企业战略管理者的多元角色

在现代企业管理体系中，战略管理者扮演着多重角色，他们不仅是企业的领航者，还是团队的建设者、关系的协调者以及决策的制订者。这些角色共同构成了战略管理者的复杂身份，也体现了他们在企业运营中的核心地位。

（一）有效领导角色的深度解读

成功的组织背后，总有一群能够有力引领团队的管理者。他们的领导才能不仅提升了个人、团队乃至整个组织的绩效，更能深度激发相关人员的内在潜力。在组织的各个层级，优秀的领导都是不可或缺的。战略管理者作为企业的核心，更是要发挥典范作用，通过自身的言行影响和激励员工，推动组织持续进步。

（二）人际角色的重要性

战略管理者在处理组织成员和其他利益相关者关系时，扮演着至关重要的人际角色。他们不仅是企业的代表，出席各种公开场合，展示企业形象；还是团队的领导者，时刻提醒并带领团队成员朝着既定目标前进；同时，他们也是联络者，搭建起企业内部成员之间以及企业与外部世界的沟通桥梁。这就要求战略管理者必须具备良好的人际交往能力，能够建立并维护一个广泛的关系网络。

（三）决策角色的多维度分析

作为战略管理者，决策是其核心职责之一。他们需要从纷繁复杂的信息中提炼出有价值的洞察，并据此决定组织的发展方向。在这一过程中，战略管理者扮演着多重角色：他们是敏锐的企业家，发现并投资机会以获取收益；他们是勇敢的对抗者，解决冲突、平衡利益、协调争端；他们是明智的资源分配者，合理调配企业资源以确保高效运营；他们还是精明的谈判者，在与企业内外各方的交流中争取最大利益。

（四）负责战略管理过程的关键性

战略管理者最为基本的角色是负责战略管理过程的分析、选择和实施。在战略确定后，战略管理者的监督和管理对于确保战略目标的实现至关重要。他们需要对整个实施过程进行科学合理地规划与控制，以应对复杂多变的社会和经济环境带来的挑战。在这个过程中，战略管理者的专业素养和应变能力得到了充分的体现。

此外，值得一提的是，战略管理者在履行职责的过程中也面临着巨大的挑战和压力。他们需要不断学习和提升自己的能力以适应快速变化的市场环境和企业需求。同时他们还需要具备强烈的责任感和使命感以引领企业走向更加美好的未来。

因此，我们应该充分认识到战略管理者在企业中的重要性和复杂性并给予他们足够的支持和理解。只有这样我们才能共同推动企业不断发展壮大并在激烈的市场竞争中立于不败之地。

在现代企业中，战略管理者的角色是多维度、全方位的，他们的工作涉及到企业的方方面面。从领导团队、处理人际关系、制订决策到负责战略管理过程，每一个角色都至关重要，共同构成了战略管理者的丰富内涵。正是这些角色的有机融合和高效执行，才使得企业能够在复杂多变的市场环境中保持稳健的发展态势。

三、现代企业战略管理者的基本技能

在现代企业管理中，战略管理者扮演着举足轻重的角色。为了胜任这一职位，他们需要具备一系列关键技能，这些技能不仅关乎日常运营，更影响着企业的长远发展和市场竞争地位。具体来说，战略管理者应当精通专业技能、人际技能以及概念技能，如图1-1所示。这三项技能共同构成了他们的能力框架。

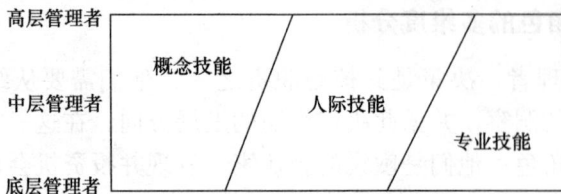

图1-1 战略管理者的三项基本技能

（一）专业技能

专业技能是战略管理者不可或缺的基础能力。它涉及到特定领域内的知识、技术和操作流程，是完成具体工作任务的基石。对于战略管理者而言，虽然他们不直接参与一线操作，但对专业技能的深入了解和把握，有助于他们更准确地评估团队的工作效能，提出针对性的改进建议。

然而，随着管理层次的提升，战略管理者对专业技能的直接依赖会逐渐减少。这并不意味着专业技能变得不重要，而是战略管理者需要更多地依靠其他管理技能，同时借助下属的专业技能来共同推动企业目标的实现。

（二）人际技能

人际技能在战略管理者的技能体系中占据重要地位。这种技能体现在理解、激励和与他人合作的能力上，是管理工作中不可或缺的一部分。战略管理者需要与各个层级的员工进行有效沟通，理解他们的需求、期望和关切，从而建立起相互信任、协作共赢的工作关系。

人际技能不仅关乎团队内部的和谐与效率，更影响着企业战略的执行效果。一个具备出色人际技能的战略管理者，能够激发团队成员的积极性和创造力，推动企业不断向前发展。

（三）概念技能

概念技能是战略管理者的核心竞争力所在。它要求管理者能够站在全局的高度，深刻理解企业与环境的相互关系，洞察市场变化和企业发展的内在规律。这种能力不仅包括对组织内部结构的清晰认识，还涉及对市场趋势、竞争对手和客户需求等外部因素的敏锐洞察。

具备强大概念技能的战略管理者，能够迅速识别机遇和威胁，为企业制订合适的发展战略。他们善于权衡各种方案的优劣，评估潜在风险，从而做出明智的决策。这种能力在企业面临复杂多变的市场环境时尤为关键，它可以帮助企业把握先机，保持竞争优势。

值得注意的是，不同层次的管理者所需的技能侧重点有所不同。基层管理者可能更加依赖于专业技能和人际技能来完成日常工作任务；而高层管理者则需要更强的人际技能和概念技能来引领企业发展方向、制订战略规划并处理复杂的人际关系。

对于战略管理者来说，概念技能实质上是一种战略思考及执行的能力。他们必须能够跳出现有业务框架的限制，前瞻性地思考新技术、客户需求、市场环境和竞争态势等因素对企业业务范围的影响。这种战略性的思考方式有助于管理者为企业描绘出一个清晰的战略愿景，并确定公司必须进入的事业领域。

在快速变化的市场环境中，局限于现状的战略管理者可能会使企业陷入困境。因此，具备高度概念技能的管理者能够及时调整战略路线以适应外部环境的变化和新出现的市场机会。他们的决策不仅关乎企业的当前运营状况，更影响着企业的未来发展和市场地位。

四、现代企业战略管理者的核心特征

在现代企业中，战略管理者的角色至关重要。他们不仅负责规划企业的发展蓝图，还要引领团队实现这些目标。一个优秀的战略管理者通常展现出三大核心特征：独特的魅力、信息灵通以及强大的问题分析能力。

（一）独特魅力

战略管理者的魅力，源于他们的自信、远见以及对目标的坚定信念。他们能够清晰地描绘出企业的未来愿景，并通过自身的影响力，激发团队的激情和动力。这种魅力不仅体现在他们的言行举止上，更在于他们对理想与目标的执着追求。战略管理者往往是改革的先锋，他们的智慧、冷静以及政治家的手腕，使得下属对他们充满信任和敬仰。他们的存在，往往成为团队的精神支柱，引领着大家共同前行。

（二）信息灵通

对于战略管理者而言，信息的获取和分析是决策的基础。他们必须时刻保持对企业内部和外部环境的敏锐洞察，以便做出前瞻性的决策。无论是市场动态、竞争对手的动向，还是企业内部的运营状况，战略管理者都需要第一时间掌握并做出判断。他们不仅关注信息的传递内容和方式，还注重与信息的发送者和接收者建立良好的沟通机制，确保信息的准确性和时效性。这种信息灵通的能力，使得战略管理者能够在复杂多变的市场环境中迅速做出反应，引领企业稳健发展。

（三）强大的问题分析能力

面对企业的生存和发展问题，战略管理者需要具备强大的问题分析能力。他们不仅要能够识别出问题的表象，还要深入挖掘其背后的原因和关联因素。当企业期望的结果与实际成绩出现偏差时，战略管理者需要冷静分析、找出差距并制订相应的改进措施。这种能力不仅要求他们具备丰富的经验和专业知识，还需要他们拥有敏锐的洞察力和判断力。通过不断的问题分析和解决，战略管理者能够推动企业不断向前发展，实现更高的业绩目标。

五、现代企业战略管理者的风格

在现代企业管理中，战略管理者的风格对于塑造企业文化、推动团队发展和实现战略目标具有至关重要的作用。战略管理者的领导风格多种多样，但可以大致划分为四种类型：关系导向风格、分工导向风格、全方位导向风格和任务导向风格。按"建立与别人关系的行为"和"制订工作任务的行为"两个属性划分，它们之间的关系如图1-2所示。

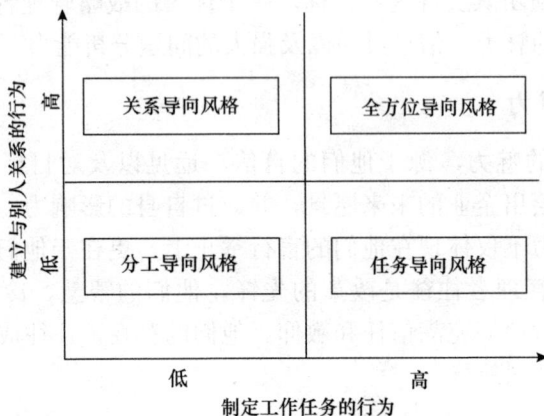

图1-2　战略管理者的风格

（一）关系导向风格

关系导向的战略管理者注重与团队成员建立深厚的情感联系。他们关注员工的感受和需求，努力营造一种亲和、友善、和谐的工作氛围。这种领导风格强调人与人之间的关系，通过增强团队的凝聚力和归属感来激发员工的工作热情。在关系导向的领导下，员工往往能够感受到更多的关怀和支持，从而更加积极地投入到工作中。然而，这种风格也可能导致过度依赖人际关系而忽视工作任务的完成情况。

（二）分工导向风格

分工导向的战略管理者在与员工互动时，更倾向于保持简单和低调。他们不太强调人际关系的建立，而是更注重工作任务的明确和分配。这种领导风格在一定程度上能够减少人际关系的复杂性，使团队更加专注于工作目标的完成。然而，如果过度强调分工而忽视团队协作和沟通，可能会导致团队内部的隔阂和效率低下。

（三）全方位导向风格

全方位导向的战略管理者不仅关注工作任务的制订和执行，还注重与员工建立良好的人际关系。他们努力树立一个既理智能干又关怀员工的形象，以满足自己和员工在人际关系方面的需求。这种领导风格能够激发员工的积极性和创造力，促进团队的全面发展。然而，全方位导向的领导风格对战略管理者的素质和精力要求较高，如果领导者不能胜任这一角色，可能会对企业的战略运作产生负面影响。

（四）任务导向风格

任务导向的战略管理者以冷静、理智的态度面对工作，他们强调工作任务的完成情况和效率。他们会花费大量的时间和精力来确保员工对工作任务的重视和投入。这种领导风格有助于确保团队目标的顺利实现，提高工作效率。然而，如果过度关注任务完成而忽视员工的情感需求和发展空间，可能会导致员工士气低落和人才流失。

战略管理者的领导风格并非一成不变，而是应根据世界经济环境、企业内部环境的变化以及企业所处行业的具体情况进行适时调整。一个灵活多变的领导风格能够更好地适应不断变化的市场需求和企业环境，从而推动企业的稳定发展。

此外，战略管理者的个人经历、素养、性格以及理想等因素也会对其领导风格产生深远影响。因此，作为战略管理者，应不断提升自身素养和能力水平，以便更好地驾驭各种领导风格并为企业创造更大的价值。

在实际工作中，战略管理者可以根据团队成员的特点和工作需求来灵活选择和应用不同的领导风格。例如，在面对复杂的工作任务时，可以采用任务导向风格来确保任务的顺利完成；而在需要增强团队凝聚力时，则可以采用关系导向风格来加强与员工的情感联系。通过灵活运用不同的领导风格，战略管理者可以更好地应对各种挑战并推动企业的持续发展。

六、现代企业战略管理者与社会责任

在当下社会，无论是个人、非营利组织，还是以盈利为目标的企业，都不可避免地成为这个社会大网络中的一个节点。每一个实体都与整个社会存在着一种隐形的契约关系，这种契约关系要求我们在追求各自目标的同时，也要对整体社会有所贡献，至少不应损害社会的整体利益。这一点对于企业战略管理者而言，尤为重要。

企业，作为社会的一个组成部分，其每一次的决策和行动都会与社会产生互动。社会为我们提供了一个广阔的平台，让我们能够在这个平台上自由地追求目标、实现梦想。同时，社会也期待我们能够以负责任的态度来回报这份厚赐。这种期待不仅来自于社会大众，更来自于那些与企业有着直接利益关系的团体，如股东、客户、员工、政府机构、供应商、债权人、竞争者以及特殊的社会组织如环保机构和社区等。

在这样的背景下，企业战略管理者的角色变得尤为关键。他们的每一个决策，都可能对社会和个人产生深远的影响。因此，越来越多的学者开始关注战略管理者在社会责任方面的作用。那么，对于战略管理者来说，他们应该承担哪些社会责任呢？

首先，有一种观点是功利道德观。这种观点认为，战略管理者在做出决策时，应主要考虑决策的结果或后果，确保这些后果能够符合大多数人的最大利益。换句话说，决策应该带来最大的社会效用。

其次，权利道德观强调对个人或团体基本权利的尊重和保护。在这种观点下，任何决策都不能侵犯或损害他人的基本权利。

再者，公平理论道德观则要求企业在分配利益或承担成本时，必须遵循公平的原则，确保每一个人都得到了他们应得的份额。

最后，综合社会契约理论观则更为全面。它要求战略管理者在决策时，不仅要考虑实际的情况（实证），还要考虑应该如何去做（规范）。这种观点综合了两种社会契约：一种是普遍存在于经济参与者之间的契约，规定了商业活动的基本规则；另一种是特定社区内人们之间的契约，规定了哪些行为是可以被接受的。

研究显示，多数商人在道德行为上持功利主义的观点，这也与效率、生产率和利润最大化等商业目标相吻合。例如，一个追求利润最大化的战略管理者可能会争辩说，他正在为尽可能多的人创造更多的价值。然而，正直和高道德标准也要求我们在追求商业目标的同时，不能忽视对其他利益相关者的责任。

有时，为了确定正确的行动路线，可能需要在员工、高层管理人员和董事会之间进行深入的讨论和协商。甚至在某些情况下，为了坚守道德原则，我们可能需要放弃某些商业机会。但从长远来看，坚持做正确的事、坚守道德规范，将为企业带来更大的利益。

这四种观点并不是相互排斥的，而是可以相互补充的。企业战略管理者在做出决策时，应该综合考虑这四种观点，以确保企业的行为既符合自身的商业目标，也符合社会的期望和责任。

在当今这个日益复杂多变的商业环境中，企业战略管理者面临着前所未有的挑战。他们不仅需要关注企业的经济利益，还需要关注企业的社会责任。只有这样，企业才能在竞争激烈的市场中立足，赢得社会的认可和尊重。因此，对于战略管理者来说，明确并承担起相应的社会责任，不仅是他们的义务，也是他们的使命。

第二章　现代企业战略管理理论

现代企业战略管理理论的形成，融合了判断与设计、直觉想象以及持续学习等多个环节。面对经济全球化、知识经济和可持续发展的新趋势，企业要想在战略管理上实现突破，就必须在深入理解战略管理理论的前提下，重塑战略思维，并积极探索新背景下的战略管理策略，以适应不断变化的商业环境，从而实现企业的长远发展。

第一节　现代企业战略管理的演变

一、现代企业战略管理的产生背景

随着商品经济的深入发展，企业面临着前所未有的复杂外部环境。市场的快速变化和消费者需求的日新月异，使得企业必须不断调整自身的经营策略以适应这些变化。这种不断变化的商业环境，促使企业开始深入思考如何制订和实施有效的战略管理，以确保自身的生存和发展。

企业战略管理的理念并非一蹴而就，而是经历了漫长的历史演变。我们可以追溯到 20 世纪 50 年代的美国，那个时期标志着现代企业战略管理的初步形成。在此之前，美国经历了两个重要的时代：大批量生产时代和大批量销售时代，这两个时代为企业战略管理的出现奠定了历史基础。

在大批量生产时代，企业主要关注的是如何通过大规模生产来降低单位产品的成本。企业家们普遍认为，只要能够生产出足够数量的产品，满足市场需求，就能确保企业的盈利和发展。因此，他们将主要精力投入到提高生产效率上，实行的是控制性的管理。这一时期的管理理论主要研究企业内部的管理活动，而很少涉及对企业经营环境和战略理论的研究。

然而，随着市场逐渐饱和，大批量销售时代到来，企业的经营环境发生了显著变化。消费者开始追求更高层次的需求，同时企业也需要开拓国际市场，为产品寻找更广阔的销售渠道。这一时期，企业面临的挑战不仅仅是内部的，还包括国际市场关税、汇率以及相关国家的外贸政策等外部因素。单纯依靠内部管理已经无法满足市场的需求，更无法应对未来的挑战。在这种背景下，以销定产和产品差异化等新的经营观念开始产生。

为了适应这些变化，企业开始寻求未来发展的行动方案，进行目标管理、预算管理和长远规划。这些规划是基于现阶段的发展状况来制订的，企业设定的未来发展规划是建立在未来会比过去更好的基础上。然而，这种推断性的管理方式很快就显示出其局限性。

从 20 世纪 50 年代开始，美国的企业竞争进入了一个高速发展的阶段。随着科技水平的不断提高、全球竞争的日益激烈以及各种资源的逐渐短缺，社会、政府和顾客对企业的要求和限制也在不断提高。在这种情况下，如果企业仍然仅仅依靠推断性的管理，显然已经无法保证自身的生存与发展。

为了应对这些新的挑战，企业必须对新的经营环境进行深入的分析，不断做出新的响应，并采取新的管理方式。正是在这种背景下，企业战略管理应运而生。战略管理强调对环境进行全面分析，明确企业的目标和愿景，制订实现这些目标和愿景的策略和行动计划，并监控和调整这些策略的实施过程以确保其有效性。

企业战略管理的出现是企业发展历程中的一个重要里程碑。它不仅提高了企业对外部环境的适应能力和应对挑战的能力，还为企业提供了更加明确和系统的发展方向和目标。随着全球化和信息化的不断发展，企业战略管理的重要性将更加凸显，成为企业持续发展和竞争优势的重要保障。

二、现代企业战略管理的演进

随着时代的变迁和商业环境的不断演变，企业战略管理也经历了显著的变革。从最初的长期规划，到更为精准的战略规划，再到如今全面、动态的战略管理，这一路走来，每一步都体现了企业对市场变化的敏锐洞察和对自身发展的深刻反思。

（一）长期规划阶段：奠定基础

在 20 世纪 50 年代至 60 年代初期，企业战略管理的雏形——长期规划应运而生。当时，以美国为代表的西方国家企业正面临着前所未有的市场环境变化。消费者需求的多样化、市场购买力的提升、技术进步的推动以及全球竞争的加剧，都使得企业不得不重新审视自身的产品结构、运营方式和管理思想。

长期规划的基本理念是基于历史经验，通过趋势外推法来预测企业未来环境因素的变动，并据此制订长期计划，以保持或赢得市场竞争优势。然而，这种方法的前提假设是"过去的情况必将延续到将来"，这在快速变化的商业环境中显然具有一定的局限性。

（二）战略规划阶段：精准定位

进入 20 世纪 60 年代至 70 年代初期，战略规划逐渐取代了长期规划，成为企业战略管理的新趋势。这一阶段，政府对市场的严格管制和经济政策的实施，使得企业在环境控制方面失去了部分主动权。外部环境的不确定性和多变性，要求企业必须具备对不确定性因素的快速响应能力和灵活的战略选择。

安东尼、安索夫和安德鲁斯等学者的研究为战略规划管理奠定了坚实基础，形成了战略规划的基本框架。这一时期，钱德勒的《战略与结构》、安德鲁斯的《商业政策：原理与案例》以及安索夫的《公司战略》等著作，都为战略规划理论的发展作出了重要贡献。

以美国通用电气公司为例，该公司在 20 世纪 60 年代曾一度出现销售额上升而利润下降的现象。通过制订战略规划，公司成功淘汰了无贡献的产品和部门，将资源集中于有发展前途且能获利的产品和部门，从而实现了利润率和销售额的同步增长。

（三）战略管理阶段：全面与动态

然而，战略规划虽然取得了一定的管理成效，但其基于的假设——即新的战略能够不断利用企业优势，并在战略改变时保持企业能力不变——却忽略了一个关键因素：企业的实际能力。战略规划再完美，如果缺乏可操作性和实践性，也只是空中楼阁。

因此，从 20 世纪 80 年代开始，企业战略管理进入了全新的阶段。这一阶段强调对战略进行全面、动态的管理。战略管理不再仅仅关注规划的制订，而是涉及到战略评估、实施和调整等多个环节。它要求企业高层管理者具备高瞻远瞩的视野，充分预见和洞察战略决策的后果，并有效调配战略实施所需的资源。

在战略管理阶段，波特提出的战略定位观以及普拉哈拉德和哈默尔提出的资源基础观成为两大主要理论进展。这些理论为企业如何在复杂多变的经营环境中进行战略管理提供了有力的指导。

面对 20 世纪 80 年代后世界经济的动荡不安，如国际贸易摩擦、地区性能源危机、股价下跌以及新技术和新产品的不断涌现，企业战略管理显得尤为重要。为了适应国际经济形势的变化，突破现有经济格局的束缚并维持企业的生存与发展，越来越多的企业开始积极推行战略管理。

三、企业战略管理的重点

（一）综合运用直觉与分析

爱德华·戴明（Edward Deming）曾说过："上帝，我们相信；其他人，请带数据来。"战略管理的过程，可以描述为组织做出重要决策时所采用的一种客观的、合乎逻辑的系统性方法。这种方法试图将定量与定性信息结合起来，帮助企业在不确定情况下做出有效决策。然而，战略管理并非一门纯粹的科学，可以得到既漂亮又简练的结果。

大部分人都意识到，直觉（intuition）对于做出好决策自不待言。无论是在高度不确定或史无前例的情况，还是在变量高度相关或必须从多个难以清晰判断的方案中做出抉择，依靠以往的经验、判断和感觉或直觉，对于决策都能起到很好的作用。一些企业的管理人士和业主表示，他们有超常的单靠直觉、潜意识就能做出非凡战略的本事。例如，艾尔弗雷德·斯隆（Alfred Sloan）曾经这样形容通用汽车（GM）的威尔·杜兰特（Will Durant）："据我所知，杜兰特是一个仅靠直觉迸发的灵光就能开展活动的人。他从不认为有必要依靠工程方式探寻事实真相，他的直觉判断常常惊人的正确。"阿尔伯特·爱因斯坦（Albert Einstein）亦承认直觉的重要性："我相信直觉和灵感。有时候，我确信自己是正确的，可是并不知道其中的原因。想象比知道更重要，因为知识有限，想象却可以拥抱整个世界。"

尽管现在一些组织依靠过人的直觉获得了生存和发展，但大部分企业未必这么幸运。绝大多数企业需要在决策过程和战略管理中，综合运用直觉与分析。直觉和分析并不排斥，用得好可相得益彰。各层级的管理者，应当将直觉和判断融入战略管理分析中，实现分析思维与直觉思维的互补。

"我已经做了决定，不要再用事实来烦我"并非直觉式管理，而是一种无知管理。德鲁克说过："只有当我能够驾驭它时我才信任直觉。那些径直给出诊断结果，却不用事实进行校验的'预言大师'，在医疗中会致病人于死地，在管理中会置企业于困境。"正如亨德森（Henderson）所言：

今天，飞速的变化正将商界推向新的境况，企业管理越来越不适应时代要求。在变化不大不快时，仅靠经验和直觉就足以指导实践。然而，当决策具有战略性、重大而不可逆转时，单纯奉行直觉和经验的管理哲学就会出问题。

某种程度上，战略管理就是直觉洞察加理性分析。

（二）适应变化

战略管理基于这样一种信念：组织应该持续地检测内外部各种事件和趋势，以便在必要时做出及时调整。影响企业的各种因素其变化速率和大小都日益显著，从全球经济危机出乎意料地影响到众多公司就可见一斑。公司如同人体器官必须"适应变化"，否则难以存活。

在过去的 30 年间，为了能够比对方更好地适应消费者需求的变化，劳氏公司（Lowe's Company）和家得宝公司（Home Depot Inc.）展开了激烈竞争。尽管家得宝公司的规模更大，营业额和利润增长速度也更快，但劳氏公司首席执行官尼布洛克（Robert Niblock）表示，劳氏公司正在快速向家具、工具和器械方向发展，并同时开展与实体店一样专业的网络业务。劳氏公司的年营业额约为 490 亿美元，而家得宝公司为 680 亿美元。近期，家得宝公司首席执行官弗兰克·布莱克（Frank Blake）增加了 19 个集中配送中心，这使得店员可以有更多的时间来为顾客服务。两家公司均从聘用全职员工转型，招募了上千名兼职员工，以降低劳动力成本并创造价格方面的竞争优势。

美国第二大连锁书店鲍德斯集团（Borders Group）于 2011 年宣布破产，原因是公司未能适应消费者的需求变化。现在，消费者的购买习惯已从传统书店转变为在线购买，同时更青睐数字图书，也更倾向于租借而不是购买图书。排在鲍德斯集团（Borders Group）之前的巴诺书店（Barnes&Noble），同样面临图书产业由传统实体店快速向数字化转变带来的困境。鲍德斯集团位于密歇根州的安阿伯市，在全美有 676 家书店，于 2011 年被亚利桑那州菲尼克斯的纳杰菲公司的一个分部 Direct Brands 收购，在此之前，公司处于财务崩溃的边缘。

为了生存，所有企业都必须迅速地识别和适应变化。战略管理正是为了使组织在长期内适应和驾驭变化。正如沃特曼（Waterman）所说：

如今的商业环境，唯一不变的就是变化，这一点比以往更加明显。成功的组织有效地管理变化，不断地调整其科层机构、战略、系统、产品和文化，确保企业在残酷的竞争中能经受住剧烈变化的考验，以谋求生存和发展。

在线社交网络、日益上升的粮食价格以及高企的能源价格，是改变当今商业和社会格局的外部因素。在政治版图上国与国之间的边界依然清晰可见。然而，在展示真实的资本流动与产业活动的竞争疆域，这种边界几乎消失殆尽。信息的高速流动已经冲破了国家间的有形边界，全世界的人都能看到彼此如何生活和工作。我们已经置身于一个没有疆界的世界：全球公民、全球竞争者、全球顾客、全球供应商，甚至全球分销商。美国公司面临许多产业竞争对手强有力的挑战，认为美国公司仅在汽车产业受到冲击是一种低估，因为该冲击在许多产业都存在。

适应变化组织需要开始思考战略管理的若干关键问题。例如，"我们应该成为怎样的企业？""我们在正确的领域吗？""我们要不要对企业进行重组？""我们这个产业进来了哪些新竞争者？""我们应该寻求怎样的战略？""我们的顾客有了哪些变化？""是否出现了什么新的技术而可能将我们淘汰出局？"

互联网已经改变了我们规划生活、安家置业的方式，改变了与亲朋好友、街坊邻居交流沟通的方式，甚至改变了我们自身。互联网促进了比较购物，全世界的消费者能够联合起来，对零售商要求折扣。互联网实现了权力从企业到个人的转移。以前，消费者往往在获取最好的价格和服务时处于劣势，例如时间和数据有限。但现在，消费者可以迅速浏览数以百计的产品信息。在线购物人数及平均消费额都在快速增长，数字交流已成为营销这场博弈的代名词。如今的消费者，热衷于博客或推特（Twitter）这样的短帖论坛，酷爱 YouTube 这样的视频网站，沉迷脸谱（Facebook）或 MySpace 或 LinkedIn I 这样的社交网站，对电视、广播、报纸或杂志则难得一顾。最近，脸谱和 MySpace 还推出了一种新的功能——使它们与网络更密切相连。网民们可以用上述两个社交网站注册的用户名，登录许多在线购物网站，让他们在脸谱或 MySpace 上的好友，看到其在各种在线购物网站上购买了什么东西。脸谱和 MySpace 都希望用户们使用在脸谱或 MySpace 上的账户名管理所有其他在线账户。大部分传统的零售商已经意识到，在线销售可以提升销售额。与此同时，他们还使用网站来促进实体店的销售。

（三）网络关系视角下的战略管理理论

在信息技术日新月异、知识经济蓬勃发展的今天，我们对于企业战略管理的理解也需与时俱进。特别是当我们深入研究企业内外部的网络关系时，不难发现这些关系为战略研究带来了新的视角和深度。在这样的背景下，本书着重探讨了企业网络关系在战略管理中的重要性，并引入了一个核心概念——社会资本。

在知识经济的大潮中，员工的知识、技能和经验，尤其是那些能够通过学习转化为组织共享的部分，已经成为企业不可或缺的重要资源和能力。这些资源和能力，我们称之为组织资本，是分析企业内部环境时的关键因素。结合资源基础理论、组织学习理论、企业网络理论以及社会资本的相关理论，我们可以看到，组织资本和社会资本在知识经济条件下，对于适应企业组织网络化发展趋势具有极其重要的战略意义。

本书选择以网络关系作为切入点，深入探究了企业的组织资本和嵌入在企业内外部网络中的社会资本。这两种资本被视为重要的战略性资源，对于企业的战略分析、定位和实施具有深远的影响。通过这一视角，我们不仅能够更全面地理解企业的战略布局，还能够更准确地把握企业在复杂网络关系中的位置和作用。

在这个高度互联的世界里，企业的成功不再仅仅取决于自身的资源和能力，更在于如何有效地利用和管理内外部的网络关系。本书正是基于这样的认识，力求为读者提供一个崭新的视角来看待和实施企业战略。通过深入挖掘网络关系中的社会资本，以及企业内部的组织资本，我们相信企业能够更精准地定位自己，更有效地制订和实施战略，从而在激烈的市场竞争中脱颖而出。

第二节　现代企业战略管理理论流派

一、设计学派

在探讨战略管理的过程中，设计学派无疑占据了举足轻重的地位。其观点与概念不仅深植于当前的大学教程和 MBA 课程中，更是战略管理实践不可或缺的一部分。设计学派的核心在于构建一个战略制订模型，该模型强调企业内部能力与外部环境之间的动态匹配。这一学派的重大贡献在于它明确了一个观点：企业要想在战略管理上取得成功，就必须不断调整战略方向，并对组织内部进行相应管理，而非仅仅为了效率提升进行简单的战略调整。

（一）设计学派的起源

设计学派的起源深受两本重要著作的影响。首先是《经营中的领导力》，此书着重强调了企业经营中的差异性竞争，认为企业应将内部经营状况与外部环境紧密结合，探讨如何整合内部资源以适应不断变化的外部环境，并提出了建立企业社会结构的必要性。另一本著作《战略与结构》则主要阐述了组织结构应随企业战略的变化而调整，强调组织结构要与企业的发展阶段、规模和现实状况相适应。该书通过多个案例研究，说明了当组织战略发生变化时，组织结构需进行相应调整，反之亦然。同时，它认为事业部制结构是企业实施多元化战略的主要组织形式。

然而，设计学派思想的真正推动力来自于哈佛商学院的"一般管理"研究小组，其代表人物安德鲁斯及其同事伦德对这一学派的发展作出了显著贡献。特别是肯尼思·安德鲁斯，在其所著的不同版本教材中，全面而清晰地阐述了设计学派的思想。到了 20 世纪 80 年代，他的教科书成为代表设计学派思想的少数幸存著作之一，而其他教材则逐渐倾向于支持更为复杂的计划学派和定位学派。

（二）设计学派的基本模型

设计学派的基本模型强调对外部和内部环境的深入评估，重点在于总结组织的优势与劣势。这一模型在继承安德鲁斯成果的基础上，进一步提出了新的观点。安德鲁斯在总结内部情况时触及了多个要点，如组织和个人了解自身的困难，以及逐渐积累的产品和市场经验的重要性。这些观点深受塞兹尼克教科书中心思想的影响，即组织是由其行动方式和反应方式构成的。

在战略制订过程中，设计学派认为管理价值和社会责任是两大关键因素。管理价值主要由组织中的正式领导者的信仰和偏好决定；而社会责任则强调企业在追求经济利益的同时，还应兼顾社会效益和道德准则。

关于战略的实际产生过程，设计学派除了强调安德鲁斯所提出的战略应是一种"创造性行动"外，并未过多阐述。然而，近年来汉布里克和弗雷德里克森等学者对设计学派进行了发展，注意到战略的发展并非线性过程，并揭示了管理者战略思维形成的螺旋式提升本质。

此外，设计学派还明确指出：一旦战略确定，接下来的关键就是执行。战略执行过程的描述通常通过战略制订过程中派生的图表来展示，以确保战略在整个组织中得到有效执行。安德鲁斯对战略执行过程的论述相当具体，他详细列出了战略执行的 12 个步骤，涵盖了战略进程中许多未被战略制订考虑到的方面。

尽管战略管理领域在多个研究方向上得到了发展和深化，但大多数标准教科书仍采用 SWOT 分析模型作为核心内容，这是一种关于组织内外部环境分析的方法。同样地，无论战略咨询顾问们引入新分析技术的速度有多快，他们中的许多人仍依赖 SWOT 模型和设计学派的其他概念来进行战略分析。在 20 世纪 80 年代计划学派地位开始动摇时，人们的注意力才重新回到设计学派的理论上。

（三）对设计学派的综合评价

设计学派在战略管理领域内拥有显著的影响力，它强调了战略制订过程中高层领导者的前瞻性和主动性，将战略视作一种深思熟虑的设计产物。然而，这一学派的理论框架也面临着若干批判，尤其是其在处理战略生成的动态性、组织内部互动性以及环境适应性方面的局限性。设计学派倾向于将战略视为一种自上而下的过程，由高层领导者独自或主导团队进行规划，这在一定程度上忽视了战略可能通过渐进式学习、组织结构的内在逻辑或全员参与而自然浮现的现实。我们的评价并非仅停留在表面，而是深入探讨了这些假设前提如何框定了设计学派的观察视角，及其对战略形成过程复杂性的简化处理。

值得注意的是，设计学派的拥趸或许会辩称，其理论模型旨在提供一种理想化的简化框架，而非全然反映现实中战略制订的每一细节。诚然，任何理论模型都基于一定的抽象与简化，但正是这些基本假设构成了后续分析和讨论的基础。设计学派强调的先思考后行动原则，虽然突出了战略思维的首要地位，但也可能忽略了在动态环境中战略与执行之间的交互反馈循环。

（四）设计学派的适用环境

设计学派的战略模式在特定条件下展现出了其有效性。当组织面临重大的变革需求，或需要在相对静态且可预测的环境中进行战略重构时，设计学派的集中式、前瞻性的战略制订方式尤为适用。在这种环境下，一位具备广泛知识和深刻洞察能力的领导者能够整合信息，设计出适应未来挑战的新战略。特别是对于初创企业或正处于转折点的组织，设计学派的战略制订模式能够帮助它们确立清晰的发展方向，与竞争对手区隔开来，或是应对环境剧变带来的挑战。

然而，设计学派的有效运用还依赖于几个关键条件：首先，组织环境需要足够稳定，或至少在短期内可预测，以允许战略家基于当前信息做出准确的长期规划。这要求战略家不仅要对现状有深入理解，还要对未来变化有一定的预见性，尽管这种要求近乎苛求。其次，组织内部必须存在一种高度集中的决策机制，使核心战略家的愿景能够得到全面贯彻，而其他成员则需愿意接受并全力执行这一既定战略。此外，设计学派的模式似乎更适合那些拥有明确使命和目标，且能够迅速响应顶层战略调整的组织。

在实践中，设计学派的适用性往往与企业家精神紧密相连，特别是在由富有远见的创始人引领的新兴企业中。这类领导者能够基于直觉和对市场的深刻理解，快速制订并推行创新战略，尽管这可能与传统的、更为规范化的战略制订流程相悖。然而，当组织规模扩大，环境复杂度增加，单纯依赖设计学派的集中式决策可能不再足够，更多元、互动的战略形成方式（如学习学派、文化学派）的重要性便逐渐显现。

二、计划学派

（一）计划学派的理论前提与发展

计划学派，作为战略管理领域的一个重要分支，其理论根源可追溯到设计学派，但在其基础上有了更进一步的发展。与设计学派相似，计划学派同样将市场环境、企业定位以及组织内部资源视为制订战略的出发点。然而，与设计学派不同的是，计划学派强调战略形成是一个受控的、有意识的、详细且正规化的过程。

在计划学派的理论框架中，企业战略原则上由企业最高领导层制订，随后在具体实践过程中分派给各级员工实施。因此，战略目标需详尽具体，战略内容应涵盖经营目标、资金财务预算及具体的执行步骤等。这种自上而下的战略规划方法，旨在确保战略的明确性和实施的可行性。

计划学派在设计学派的基础上，引入了更为客观的定量科学决策方法。它摒弃了设计学派中一些主观性较强、操作性不强的战略方案，将具体的战略模型与定量分析有机结合，从而形成了更具操作性的战略决策方法。这种方法的应用，使得战略制订过程更为科学、严谨，提高了战略的有效性和实施效率。

然而，计划学派也存在一个显著的弱点。该学派将战略计划视为一个单向过程，即战略一旦制订便不再变动。但事实上，战略的制订和实施是一个循环往复的过程，需要不断根据环境的变化进行调整和改进。企业的外部环境并非一成不变，即使已经制订了短期战略规划，企业仍需根据内外部环境的变化对原计划进行适时调整。此外，计划学派过分强调理性的作用，将关注重点放在数量方法和精密模型上，从而在一定程度上忽视了战略思维中的非理性方面。

（二）计划学派面临的挑战与困境

尽管计划学派在战略管理领域具有一定的影响力，但随着时间的推移，该学派也面临着一系列的挑战和困境。这些困境并非突如其来，而是早有征兆。伊格尔·安索夫，作为战略规划的热衷支持者，早在 1977 年就曾指出："战略规划技术已经存在了将近 20 年，但当今大多数企业仍采用这种安全清晰的、具有预测性的长期规划技术。"这番话透露出对战略规划技术在实际应用中效果的担忧。

进入 20 世纪 80 年代后，安索夫所提出的问题变得愈发显著。明茨伯格在其著作中列举了大量反对战略计划的证据，这些证据主要来源于流行出版物所刊登的相关事件和研究发现。这些事件和发现多数表明，大量的战略计划虽然耗资巨大但收效甚微。这一现象引发了人们对计划学派有效性的质疑。

面对这些质疑，计划人员试图通过提高预测技能、加强利益相关者分析等方式来改进战略规划过程。然而，这些努力并未能完全说服批评者。人们普遍认为，战略计划存在一系列"缺陷"，特别是缺乏管理支持和适应该过程的组织氛围。

此外，计划学派还面临着一个更为根本的问题：战略规划过程往往妨碍了中层和高层管理者参与战略制订。在战略规划过程中，这些管理者通常被边缘化，导致他们对整个过程缺乏热情和投入。这种现象不仅影响了战略制订的质量，还可能削弱组织的稳定性和变革能力。

计划学派原本旨在提高组织的稳定性，通过明确的战略方向指引组织平稳发展。然而，随着官僚制度的崩溃和市场竞争的加剧，"战略形成是一个正式的过程"这一观念逐渐受到挑战。越来越多的管理者开始意识到，战略规划并非一成不变，而是需要根据环境变化进行灵活调整。在这种背景下，计划学派的困境愈发凸显。

三、定位学派

（一）定位学派的前提条件

定位学派，这一战略管理理论的璀璨明星，于20世纪80年代在迈克尔·波特的智慧灌溉下绽放光芒。作为哈佛大学的杰出教授，波特凭借其对市场竞争位置重要性的深刻洞察，不仅创立了定位学派，也为自己赢得了"定位派宗师"和"竞争战略之父"的美誉，其理论体系在全球战略管理领域树立了里程碑。

定位学派的核心在于，企业要在激烈的市场竞争中脱颖而出，必须首先明确自身所处行业的环境特征，特别是行业结构对竞争范围和潜在利润空间的决定性影响。波特认为，企业应致力于获取相对于竞争对手的独特优势，这种优势源自对行业吸引力的深刻理解和利用。为了指导这一过程，他提出了著名的"五力模型"，涵盖了竞争对手、潜在新进入者、替代品威胁、买家议价能力和供应商议价能力五大要素，以此为基础，企业可制订成本领先、差异化或目标集中三大基本竞争战略。

该学派的理论基础假设市场环境充满竞争且有利可图，战略形成是一个理性的分析和位置选择过程，其中分析师扮演着关键角色，他们收集和分析数据，为管理层的决策提供科学依据。

（二）定位学派的适用环境及条件

定位学派的适用性在一定条件下显得尤为突出。当行业环境相对稳定，影响因素可预测，且可以通过集中分析处理时，该学派的战略分析尤为有效。它为战略决策提供了清晰的框架，帮助企业在确定的环境中找到最优竞争策略。然而，这种依赖硬数据分析的方法并非无懈可击，它可能忽略了一些非量化因素，如顾客情感、企业文化等软实力，这些因素在实际操作中同样举足轻重。

尽管如此，定位学派对战略管理的贡献不可小觑。它不仅拓宽了学术研究的视野，也为实践者提供了实用的理论工具箱。当与其他理论结合时，如通过布兰登伯格和纳伯夫提倡的"竞合"策略，或安斯第和亚维恩倡导的"商业生态系统"视角，定位学派的局限性得以弥补，展现出更加全面和动态的战略思考方式。

随着时间的推移，定位学派的理论也在不断进化。初期，它聚焦于如何在竞争中巩固地位，但这种过度聚焦可能导致视野狭窄，限制战略创新。如今，理论界已认识到，竞争与合作不再是非此即彼的关系，而是一个连续谱上的不同选择。在当今全球化和数字化的背景下，昔日的竞争对手可能成为明日的合作伙伴，战略的制订需更加灵活，既要考虑对抗，也要寻求共赢。

四、企业家学派

（一）企业家学派的前提条件

企业家学派看待企业战略的形成，更多是从一个预测和愿景构筑的角度出发。这一学派认为，企业发展战略的制订，实质上是一个由企业家对未来进行深刻洞察并构建愿景的过程。在这个过程中，企业家不仅需要对大方向和路线方针进行精心策划，同时也需要保持足够的灵活性，以便在具体细节上能够随机应变。

企业家的战略愿景具有深远的延展性。这种愿景可能源于深思熟虑后的决策，也可能是突然闪现的灵感与观点的概括。整体而言，愿景是经过深思熟虑的，但在实施过程中，企业家并不拘泥于既定的计划，而是能够根据环境的变化灵活地做出调整。

企业家式战略的核心在于尝试占据一个独特且有利的市场位置，这样的位置不仅能够使企业在市场竞争中立于不败之地，还能有效抵御市场的各种冲击。

（二）对企业家学派的评价及其适用情境

值得注意的是，企业家学派所推崇的这种充满激情和鼓舞人心的行为方式，并未在学术界获得广泛的认同。其他学派的学者可能将其视为一种病态或令人泄气的行为。这难道仅仅是因为学者间的观点差异吗？或者说，是因为悲观者看到"杯子空了一半"，而乐观者看到"杯子还有一半是满的"？

事实上，许多企业的领导者确实凭借个人的超凡能力改变了企业的经营态势。在某些情况下，组织确实需要依赖这类具有愿景和魄力的领导者来扭转困局。因此，我们真正需要了解的是，在什么情况下组织需要这样的领导者，以及领导者如何培养和展现这种能力。

在企业家领导的组织中，战略和经营的决策权往往高度集中于首席执行官手中。这种权力的集中确保了战略响应能够全面反映企业的经营知识，同时也有助于提高企业的灵活性和适应能力。因为在这个体系中，只需要一个人来完成创造性的活动。

　　然而，这种领导模式也带来了一系列挑战。首席执行官可能会因为陷入日常经营的繁琐细节中而失去对全局的判断力和战略眼光。同时，他们也可能脱离实际制订计划，沉迷于战略愿景的构想中无法自拔。另一方面，一些过于传统和常规的方式可能因缺乏关注而变得不合时宜，最终拖垮整个组织。

　　斯塔西（Stacey）指出了"愿景"可能带来的一些不利结果。首先，形成愿景的建议往往不够具体，难以在实际中应用，特别是在未来不确定的情况下。其次，愿景可能会限制管理人员的思维，使他们过于专注于一个方向，从而忽略其他可能的变化。第三，对愿景的过分依赖可能给领导者带来沉重的负担，阻碍创新和学习过程。最后，当人们成功应对未知情况时，形成愿景的建议可能会分散他们进行学习和实施策略的注意力。

　　企业家学派的方法确实具有一定的冒险性，因为它在很大程度上依赖于企业家的个人健康和幻想。这种依赖性使得整个组织的战略方向容易受到个人因素的影响。因此，柯林斯和波拉斯在他们的著作《基业长青》中提到，建立一个有愿景的组织远比仅仅依赖一个有愿景的企业领导人更为明智。

五、认知学派

（一）认知学派的前提条件

　　认知学派，作为战略管理领域的一个重要分支，其核心在于探索认知过程与特征如何塑造战略的形成。该学派的理论根基植根于认知心理学，认为战略的孕育与发展不仅是对外部环境反应的产物，更是战略家内心认知世界的映射。战略的构建，被视为一个动态的认知过程，其中个体对环境信息的接收、筛选、加工和解读，以及个人的认知偏见、经验和直觉，共同作用于战略的最终形态。这一过程中，战略家的思维模式、知识结构、情感状态等因素，均会影响战略的形成和调整，导致战略实践中的多样性与差异性。

　　认知学派强调，战略概念在萌芽阶段的模糊与不确定性，随着认知过程的推进逐渐清晰，但成型的战略往往与最初的设想有所偏差。此外，战略一旦形成，其路径依赖性和认知锁定效应使得即使面对不可行性，改变亦非易事。因此，认知学派的研究不仅关注战略的理性设计，更深入探讨了战略背后的心理动力学。

（二）对认知学派的综合评价

　　认知学派的最大魅力在于其潜力无限，它揭示了战略管理的深层心理学基础，提供了理解战略形成复杂性的新视角。其核心主张——战略制订的实质是认知过程，无疑是对传统管理理论的重要补充。尽管目前认知学派对战略管理的实际贡献尚待深化，但其理论框架已显示出对实践的潜在指导意义。尤其在当前快速变化的商业环境中，战略家如何在信息过载和环境不确定性中进行有效认知加工，成为了研究的热点问题。

认知学派的研究强调了认知扭曲和信息过滤在战略决策中的作用，指出战略家的感知与现实之间可能存在差距，这为解释某些看似非理性战略行为提供了理论依据。同时，它也关注认知过程中的积极面，如直觉、创造性和智慧的聚合，如何推动战略创新。构建主义分支特别重视战略的创造性构建过程，认为优秀战略家能够主动构建认知框架，影响外界环境，而非被动适应。

然而，认知学派也面临挑战。一方面，其研究往往侧重于个体认知过程，而忽视了群体或组织层面的认知互动，这在现实中是不可或缺的。另一方面，尽管认知学派触及了战略形成的深层次心理机制，但如何将这些理论洞见转化为可操作的管理工具，仍有很长的路要走。解释学派通过关注战略形成的具体阶段，如战略概念的初期形成、战略的迭代更新，以及认知偏差导致的战略僵化，为认知学派提供了更细致的分析框架。

六、学习学派

（一）学习学派的前提条件

学习学派将战略视为一个动态的、应急的过程。这一学派认为，战略不仅复杂且不断进化，它是通过渐进的方式和富有想象力的过程逐步形成的。战略的发展与制订，实质上是思想与行动、控制与学习、稳定与变革相互交织的一种艺术性活动。

由于组织外部环境的持续变化，制订战略所需的知识和信息总是处于不完全的状态。因此，战略制订者必须不断地学习和吸收新的知识与信息，以便在面对不确定性时能够做出明智的决策，进而形成有效的战略。

然而，战略决策者的核心职责并非直接制订战略，而是管理和促进组织的学习过程。正确的战略规划不仅要求领导者个人持续更新知识储备，还需要整个领导团队共同参与学习。

新战略往往源于组织内的学习者，这也意味着组织领导者的角色应从战略的思考者转变为战略学习过程的管理者。

（二）学习学派的贡献及其适用情境

在动态和不确定的环境中，愿景型领导并非随处可见，有时环境的不稳定性使得"制订愿景"成为一项不可能完成的任务。同样，定位学派所提供的标准化解决方案也只在特定时期内具有参考价值。因此，对于那些需要探索新战略的组织而言，集体学习可能成为唯一可行的路径。

专业型组织，如医院等，处于高度复杂的环境中，制订战略所需的知识范畴极为广泛，这类组织尤其需要学习。此外，有些组织因其他原因而呈现出分散性，例如美国国会，其权力分散在多人手中，这也使得战略形成必然是一个集体参与的过程。在这种情况下，不同的个体必须通过相互适应和协作来共同制订战略。

当一个组织面临新形势时，为了准确理解并应对这些变化，它通常需要参与到学习过程中。这个过程可以是个人的，也可以是集体的，这主要取决于组织收集并反馈相关信息的能力。例如，在技术出现重大突破、打破现有技术模式的情况下，企业必须通过学习来形成新的、可行的战略。

对于始终处于动态且不可预测环境中的组织来说，形成清晰的战略几乎是不可能的。在这种情况下，组织最好采用更加灵活的组织结构，如项目型组织，并将学习视为一种强制性的活动。至少，学习使组织能够以灵活的方式对不断变化的现实作出反应，而不必等待一个完全确定的战略出现。

总的来说，学习学派揭示了战略形成过程中的一个重要事实，这是其他学派所忽略的。该学派主要以描述性方法为基础，展示了在复杂动态环境中组织的实际行为与期望行为之间的差异。然而，好的描述同样可以具有说明性，能够反映出特定环境下的典型行为模式。

与学习学派相比，定位学派等说明性学派看似在讨论自由意愿，但实际上它们更倾向于决定论。而学习学派虽然表面上看似是对外界力量的被动反应，但实际上组织是在学习、在创造，并有可能提出更有趣的新战略。本田公司在美国摩托车市场的成功案例，正是对学习学派理论的有力印证。

无论情况如何偶然、过程如何混乱、个体最初如何困惑，寻找初始战略的行为最终都体现了唯意志论的思想。相反地，将组织置于一个通过正式行业分析得出的假定最优战略中，则更倾向于决定论的做法。在实践中，战略的学习方法既简单又实用。它可能看起来有些天真——战略家们像是在黑暗中摸索前行一样不断地尝试和探索，但正是这种持续的努力和尝试最终促成了战略的形成，这需要大量的实践和不断的尝试才能成功，同时也需要敏锐的洞察力来识别出有效的战略方向。

对于个体和群体而言，意识到战略是一个学习过程这一点至关重要，尽管与计划学派和定位学派相比，学习学派的文献相对较少（尽管在实践中应用较多），但它在这一点上作出了重要贡献，并且未来还将继续发挥其影响力。

七、权力学派

权力学派在战略管理的广阔舞台上独树一帜，它深刻洞察到企业战略背后错综复杂的权力动态与政治博弈。这一视角认为,战略并非孤立存在的理性规划产物,而是企业内部多元利益主体之间权力角逐与协商的结晶。战略制订的舞台,实质上是一场权力的剧场,其中,各方势力通过正式的组织架构与非正式的网络,不断较量、协商与妥协,共同绘制企业的发展蓝图。

在权力学派的视角下,企业内部结构不再是简单的命令链,而是由多个具有不同利益诉求和影响力的群体构成的复杂生态。这些群体,无论是高层管理团队、部门、员工联盟,还是股东、客户乃至供应商,都依托自身的资源和影响力,积极参与到战略决策的每一个环节,力求在最终的战略版图中占据有利位置。战略制订因此变成了一场动态的权力游戏,每个参与者都在努力塑造对自己最有利的规则,同时设法削弱对手的影响力。

值得注意的是,权力学派强调,战略制订的关键影响者并非单一的个体英雄,而是具有共同目标或利益特征的团体。这些团体可能是围绕某一业务线形成的联盟,或是对特定战略方向有共同偏好的高管团队,他们通过集体行动,运用手中的资源和影响力,推动符合自身利益的战略路径。在此过程中,战略制订者面临的挑战不仅限于如何设计最优战略方案,更在于如何在错综复杂的权力关系网中,巧妙平衡各利益相关方的期望,化解冲突,排除内外部干扰,确保战略的有效实施。

八、文化学派

(一)文化学派的前提条件

文化学派将战略形成视为一个集体思维的过程,强调战略是通过社会交互和集体思维碰撞而产生的。这一学派认为,战略的形成不仅仅依赖于个体的决策,更是整个组织共同利益的体现。在这个过程中,组织的风格逐渐确立,有助于形成整体观念。

企业文化被看作是组织成员随着时间推移而形成的共享意向。这种文化的形成,既源于纯粹的社会活动,也源于成员间的相互关系和资源共享。企业文化深深植根于集体意向之中,并在组织的各个层面得到反映。

(二)对文化学派的评价

尽管文化学派提供了一种独特的视角来看待战略形成,但它也存在一些缺点。最显著的问题是概念的模糊性。与定位学派的精确性相反,文化学派的概念往往模糊不清,且不同概念之间缺乏根本性差别。这导致了学术上的冗余和重复,有时仅仅是改变概念的名称,以期获得更广泛的认可。

然而,我们也应认识到,社会科学中的"硬"方法可能无法捕捉到文化等无形因素的全貌。因此，在某种程度上，我们应该赞赏文化学派及其研究者的想象力和洞察力。

但文化学派也面临一些批评。首先，它可能阻碍组织进行必要的变革。由于文化学派强调传统和舆论的力量，它可能鼓励组织维持现状，从而阻碍创新和适应环境变化的能力。文化的稳定性和持久性可能成为变革的障碍。

其次，文化学派有时将战略优势与组织独特性等同起来。虽然组织间的差异可能带来竞争优势，但这种差异必须是基于外部环境和市场需求的有意义的差异，而非仅仅是内部固有的或自我满足的差异。否则，组织可能陷入自满和封闭的状态，无法看到现状背后的真正原因。

此外，与资源观相似的理论也可能加剧这种倾向。这些理论为管理者提供了为现状辩护的便捷语言，任何看似不合理的组织实践都可以以资源的稀缺性和不可模仿性为借口进行辩护。然而，这种做法可能掩盖了绩效的真正来源，并妨碍了对战略管理的深入理解。

尽管如此，我们不能否认文化学派在战略管理领域的重要贡献。它提醒我们关注组织内部的集体思维和文化因素在战略形成中的作用。为了更全面地理解战略管理，我们需要在各种适用因素之间寻求动态平衡，而非过分强调某一方面。

九、环境学派

环境学派，作为战略管理领域内的重要流派，其核心理念围绕着环境对组织发展与战略形成过程的决定性影响。该学派认为，环境犹如一种综合作用力，既为组织提供了成长的舞台，也设定了生存的边界。在组织的早期发展阶段，它们能够较为灵活地适应并响应外部环境的变化，通过调整自身结构和策略来优化生存空间。然而，随着组织逐渐成熟并固化其结构与流程，对外界变化的敏感度和响应能力往往会减弱，这一转变凸显了在形成期做出正确决策对未来长期生存至关重要的事实。

环境学派进一步指出，随着时间的推移，尽管领导层的作用依然重要，但在决定组织的绩效和持续竞争力方面，其影响力相对缩小。组织在自然选择的压力下，会逐渐分化成不同的生态型群体，这些群体内的组织共享类似的技术基础、产品特性及管理哲学，形成了特定的行业生态格局。这一现象强调了环境不仅是战略制订的背景，更是塑造组织形态和行为模式的主导力量。

对于环境学派的评价，学者们提出了一些关键见解。一方面，该学派对环境因素的重视揭示了战略必须高度适应外部条件的重要性，但同时也暴露出其局限性——过于宽泛和抽象的环境定义可能导致战略设计缺乏针对性。正如优秀的战略家能够在复杂的市场环境中找到立足点，而缺乏远见者即便在看似平静的市场中也可能遭遇失败，这强调了战略分化的重要性，即不同组织即使面对相似环境也能采取差异化战略取得成功。

另一方面，批评者指出，现实世界中，极端多变、复杂或敌对的环境并非普遍常态，而是在特定条件下周期性出现。因此，战略管理不应基于对极端环境的假设来进行，而应当基于细致入微的环境分析。战略家的责任在于通过深入调查，明确战略实施的具体时机、方法及情境，识别那些可能被忽略的细微差别。即将探讨的环境类型划分，旨在为战略管理者提供更为精确的指导，帮助他们理解特定组织在特定历史时刻所面临的独特环境，从而制订出更为精准有效的战略。这一过程要求战略思考超越一般性的分类，深入到具体情境的肌理之中，以增强战略的实用性和灵活性，更好地服务于组织的长远目标和即时需求。

十、结构学派

（一）结构学派的理论前提

结构学派在战略管理理论中独树一帜，其核心观点是将战略制订视为一个系统性的构建过程，这一过程综合了多重因素，旨在使企业行为与所处环境完美契合。结构主义者强调，企业的战略绝非孤立存在，而是深深植根于企业特性和外部环境的互动之中，这种互动通过两个主要维度展现企业的真实面貌。

结构学派指出，在企业的稳定发展阶段，战略应体现出一种"静水深流"的特质。此时，企业资源配置达到均衡，组织结构趋于稳定，内部运作协调有序，战略的任务在于维护这种平衡，确保企业能够高效运转，持续挖掘既有优势。这种状态下，战略的连贯性和一致性至关重要，它保障了企业能够充分利用稳定环境带来的机遇，实现稳步增长。

然而，结构学派并未止步于静态分析，它同样重视企业与环境动态适应的过程。当外在环境变迁或内部条件变化打破既有平衡时，企业战略必须随之调整，从一种稳定结构向另一种更适应新环境的结构转化。这种转化不是无序的，而是遵循某种潜在的规律，甚至呈现出周期性特征。这意味着企业战略需具备预见性，能够在稳定与变革间灵活切换，以动态平衡的姿态应对复杂多变的商业环境。

结构学派的战略管理精髓，在于其对秩序的追求，即使在变革的洪流中也不丢失方向。它强调，无论是维持稳定还是引导转变，战略都应作为一个有序的管理过程，确保企业能够在变化中保持核心竞争力，实现持续发展。因此，战略调整不仅是对外部刺激的反应，更是一种主动的管理艺术，旨在通过战略架构的有序演变，促进企业与环境的和谐共生，从而在不断变化的市场中稳固并拓展自己的位置。简言之，结构学派的战略观融合了稳定与变革的双重智慧，追求在动态平衡中实现企业的长远目标。

（二）对结构学派的评价

在组织管理理论中，结构学派一直占据着重要的地位。然而，对于这一学派，学术界和实践界都有着不同的声音。对于结构学派，有以下几种比较典型的评价。

1.麦吉尔癖

莱克斯·唐纳森对结构学派的批评尤为尖锐，他甚至用"麦吉尔癖"来形容这一学派。

唐纳森认为，结构学派过于依赖结构来进行推理，这种方法在他看来显得过于简单和易于传授。他指出，现实中的组织很少是结构简单或纯粹的机械官僚机构。相反，大多数组织都处于两者之间的复杂状态。唐纳森批评说，结构学派的模型往往过于简化，如将组织划分为简单的结构、机械的官僚主义或创造性的专案决策等，这些模型在描述组织世界的多样性时显得力不从心。

他进一步指出，这些"理想型"结构只能作为名词存在，而在描绘组织实际的复杂性和多样性方面并无太大用处。唐纳森认为，每个组织都存在着独特的问题和挑战，例如多事业部企业中，不同的单位可能因结构差异而追求不同的战略。

对于结构学派主张的量变观点，唐纳森也提出了质疑。他认为，让企业保持不变或迅速变革都是经验主义和概念性的错误。他强调，大多数组织在大多数情况下都在进行渐进性的变革。此外，如果组织在结构转变过程中处于不平衡状态，其战略在达到一个更稳定结构之前可能是无效的，那么组织是如何着手推动这种变革的就显得尤为重要。

然而，尽管唐纳森对结构学派提出了诸多批评，但这并不意味着结构学派没有价值。相反，结构作为一种理解和分析组织的工具，在很多情况下仍然是有用的。即使只是作为一个词语，结构也有助于我们理解不同的组织是如何按照唐纳森所描述的方式进行结合的。

此外，理论作为工具是在不断发展的。就像生物分类学家经过长时间的努力才建立起了今天这个具有强大影响力的分类系统一样，我们不能因为结构学派不能涵盖所有情况就否定其全部价值。

在20世纪90年代中期的一项经典研究中，格雷戈·拉塞尔教授指导的博士生团队对组织架构与绩效关系的实证研究进行了评价。他们识别了40个相关研究，并对这些研究中架构与绩效关系的强度进行了评估。结果发现，当研究者采用更广泛的架构定义、关注单一行业以及注意架构的时间演化时，架构与绩效之间的关系更为紧密。

至于变革的速度问题，可能无法一概而论。因为渐变和跃变都有大量的明显证据支持其有效性，而且两者在实践中都有其用处。当然，这两种变革方式分别适用于权变理论和结构性理论，因此我们在选择理论时需要更加谨慎和周全地考虑。

2．归因分析

归因分析是我们试图解释和理解事物的一种方式，它涉及到对模式的识别和分类。然而，我们必须认识到，所有的归类都带有某种程度的主观性和随意性。因为模式是旁观者眼中的模式，我们用结构来描述事物，实际上是为了解释而进行的简化。这种简化有助于我们抓住主要矛盾，但也可能忽略了一些重要的细节和复杂性。

以大陆的分类为例，我们知道这种分类方法对于地理学和人口学研究具有重要意义。澳大利亚因其地理位置的突出和居民特征的显著（如独特的语言和口音）而被视为一个独立的大陆。然而，这种分类并非绝对，比如格陵兰岛在某些方面同样符合大陆的标准，但由于历史、文化或政治等复杂因素，我们并未将其视为一个独立的大陆。这恰恰说明了归类的复杂性和主观性。

不仅如此，当我们审视非洲和欧洲时，也会发现类似的问题。非洲作为一个大陆，其面积广大，语言多样，这一分类相对明确。然而，欧洲的情况则更为复杂。尽管它拥有丰富的语言和深厚的文化底蕴，但其东部边界并不明显。那么，我们为何依然将欧洲视为一个独立的大陆呢？这是否仅仅因为欧洲人自己制订了大陆划分的规则？

这些问题引导我们得出一个结论：范畴和结构，至少在一定程度上是我们基于想象或臆造的事物。它们是我们为了理解和解释世界而创造的工具，但同时也可能成为我们认识世界的障碍。

3．边缘

在面对结构和分类的局限性时，我们需要转向边缘思考。这种思考方式鼓励我们关注那些被传统结构和分类所忽视的领域，即边缘地带。这些地带往往蕴藏着丰富的多样性和创新性，是未被归类或难以归类的细微差别的聚集地。

拉斐尔曾指出，生命形式最丰富的地方往往位于边缘地带，如海陆交界处、森林与田野的过渡区等。同样，在组织中，许多有吸引力的创新也往往发生在结构的边缘，即那些未被明确归类或难以归类的领域。这些领域充满了不确定性和可能性，为创新提供了广阔的舞台。

通过边缘思考，我们可以揭示事物之间的复杂关系，并发现传统结构和分类所无法涵盖的新领域。这种思考方式有助于我们打破固有的思维框架，以更开放、更包容的心态去面对世界的多样性和复杂性。

同时，我们也必须认识到结构对于组织而言的双重性。一方面，合适的结构可以帮助组织实现高效运作和快速发展；另一方面，过度的结构化也可能限制组织的灵活性和创新能力。因此，在选择结构时，我们需要找到一个平衡点，既要避免结构过于松散导致的混乱，也要防止过度结构化带来的僵化。

4．结构学派的贡献与反思

总的来说，结构学派在战略管理领域作出了重要贡献。它为我们提供了一种理解和分析组织的框架，使得这个领域有了一定的秩序。同时，结构学派也提供了大量的文献和案例供我们学习和借鉴。

然而，在肯定结构学派的贡献的同时，我们也必须对其进行深刻的反思。我们需要警惕结构和归类可能带来的简化和歪曲效应，不断寻求更简单、更直接的方式来理解和解释世界。同时，我们也需要关注那些被传统结构和分类所忽视的领域，通过边缘思考来揭示事物之间的复杂关系，并发现新的可能性和机会。

在未来的研究中，我们应该更加注重对传统结构和分类的挑战和突破，以更开放、更包容的心态去面对世界的多样性和复杂性。只有这样，我们才能更好地利用结构学派的优势，同时克服其局限性，为战略管理领域的发展做出更大的贡献。

第三章　现代企业战略分析

所有企业均是在特定的环境中成长和发展的。环境的变迁与进步不仅给企业带来了发展的契机，同时也伴随着诸多挑战。因此，本章将从三个主要方面深入剖析现代企业的战略环境。

第一节　大环境分析

一、宏观环境分析

宏观环境指的是企业或组织所处的更广泛外部环境，它独立于特定行业和市场之外。尽管单一的组织不能左右宏观环境，但宏观环境却能对组织运营的微观环境产生深远影响。对于企业来说，宏观环境的变化具有重大意义，因为这些变化不仅可能影响整个行业的生死存亡，还会影响市场的规模，决定行业的竞争水平，以及影响许多其他相关因素。通常，PEST 分析法来进行分析，P—political factors（政治—法律环境）；E—economic factors（经济环境）；S—social factors（社会—自然环境）；T—technological factors（技术环境）。PEST 分析模型如图 3-1 所示。

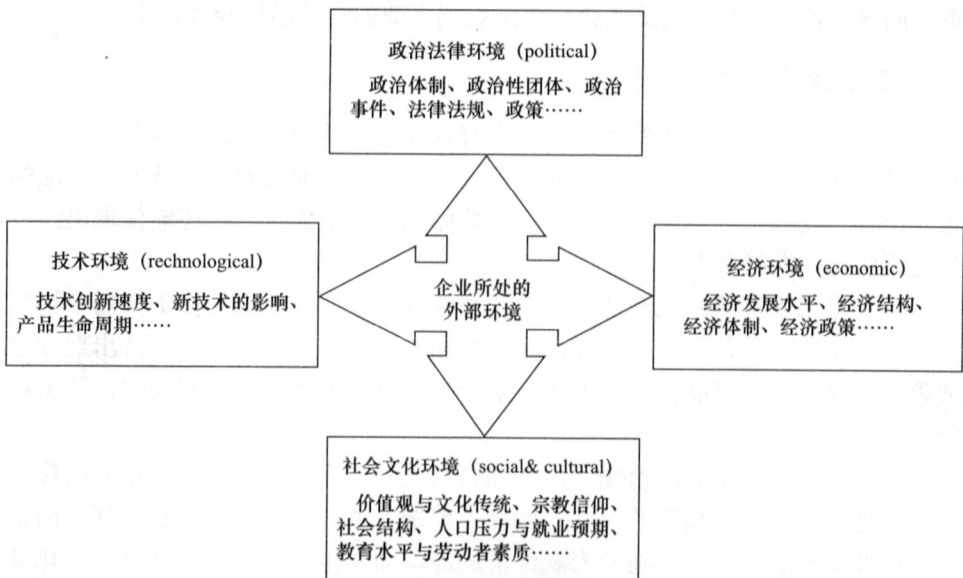

政治法律环境（political）
政治体制、政治性团体、政治事件、法律法规、政策……

技术环境（rechnological）
技术创新速度、新技术的影响、产品生命周期……

企业所处的外部环境

经济环境（economic）
经济发展水平、经济结构、经济体制、经济政策……

社会文化环境（social& cultural）
价值观与文化传统、宗教信仰、社会结构、人口压力与就业预期、教育水平与劳动者素质……

图 3-1　PEST 分析模型

（一）政治法律环境

政治与法律环境是对企业运营产生深远影响的宏观因素之一。这主要是针对一个国家的社会制度和相应的政策法规而言的。政治环境，主要涉及到一个国家的政体、执政党的性质及其所推行的方针政策。法律环境，则主要涵盖了国家所制订的相关法律法规。

对于处于不同国家的企业来说，其所面临的政治与法律环境可能大相径庭。社会制度的不同会直接影响到企业的经营方式与策略。即使是在同一个国家之内，由于时代变迁和内外部情况的变化，政府也会相应地调整其政策和路线。这些调整，无论是微小的还是重大的，都可能对企业的运营带来显著的影响。

为了更好地适应这些变化并做出及时的应对策略，企业必须时刻保持高度的警觉性，密切关注政府政策的动态变化。同时，深入研究这些政策背后的意图和目标也是至关重要的，这样企业才能更加精准地把握政府的方向，从而做出最有利的决策。

除此之外，企业在经营活动中必须严格遵守国家的法律法规，这不仅是企业合法经营的基础，也是其持续稳健发展的关键。因此，企业需要时刻关注法律体系的更新和变化，确保自身的经营活动始终在法律的框架内进行。

深入研究政治与法律环境，可以帮助企业更好地把握政府的政策导向，从而使其经营活动得到政府的支持和保护。例如，当国家政策倾向于扶持某一行业或领域时，该行业或领域内的企业就有可能获得更多的发展机遇和优惠政策。同样，税收政策的调整也会直接影响到企业的财务结构和投资决策。

（二）经济环境

经济环境是影响企业发展的另一大宏观因素。其中，国民收入和国内生产总值（GDP）以及它们的增长情况是衡量一个国家或地区宏观经济发展状况的重要指标。这些指标不仅反映了经济的总体规模和增长速度，还能体现出经济的健康状况和发展潜力。

一个繁荣稳定的宏观经济环境通常意味着更多的商业机会和更大的市场空间，这对企业的生存和发展无疑是极为有利的。相反，如果宏观经济出现衰退或萧条，那么企业可能会面临市场需求萎缩、融资困难等一系列问题，甚至可能面临生存危机。

除了直接影响企业的市场需求和经营状况外，宏观经济的发展还会间接影响到其他与企业息息相关的因素。例如，消费者的收入水平、消费偏好、储蓄习惯以及就业状况等都会随着宏观经济的波动而发生变化。这些因素的变化又会进一步影响到企业的市场规模和营销策略。

　　然而，市场经济并非万能，它也有其自身的局限性和缺陷。因此，政府的宏观经济政策在调节经济运行、促进经济平稳增长方面发挥着不可或缺的作用。这些政策可能包括经济发展战略、产业政策、收入分配政策、金融货币政策、财政政策和对外贸易政策等。企业需要密切关注这些政策的动态变化，以便及时调整自身的经营策略。

（三）技术环境

　　在当今这个日新月异的时代，技术环境的重要性不言而喻。技术环境主要指的是与技术相关的各种因素和条件的集合，包括新技术的研发情况、技术更新换代的速度、信息与自动化技术的发展水平、知识产权与专利保护制度以及国家和企业在研发方面的投入等。

　　科学技术作为第一生产力，已经得到了广泛的认同和重视。无论是在推动经济增长、提升产业竞争力还是在改善人民生活等方面，科学技术都发挥着举足轻重的作用。对于企业而言，能否紧跟科技发展的步伐、及时应用新技术并进行技术创新，往往决定着其在激烈市场竞争中的生死存亡。

　　那些能够敏锐捕捉科技发展趋势、迅速将新技术转化为生产力并应用于实际生产中的企业，往往能够获得先发优势和市场竞争优势。例如，杰克·韦尔奇作为通用电气的传奇CEO，他深刻认识到互联网这一新技术将给企业带来巨大的变革和影响。因此，他积极推动企业与供应商、顾客以及员工之间的关系变革，以适应互联网时代的新要求。这种前瞻性的战略眼光和果断的决策力使得通用电气在科技浪潮中立于不败之地。

　　然而，我们也必须看到技术进步带来的双刃剑效应。一方面，新技术的出现为企业提供了更多的发展机会和竞争优势；另一方面，它也降低了许多行业的进入门槛和顾客的转移成本，导致市场竞争加剧。因此，企业在享受技术红利的同时也要警惕潜在的竞争风险并做好应对准备。

（四）社会文化环境

　　社会文化环境作为企业战略制订的宏观背景，深刻影响着企业的方向与策略选择。其中，人口因素是最直观的指标之一，它直接关联着市场规模的大小和消费者基数，进而决定了企业的潜在顾客量和经济效益。人口数量、年龄结构、地域分布等人口统计特征，都是评估市场需求、定制市场策略的关键参数。例如，老龄化社会趋势要求企业关注健康、养老产品与服务，而年轻一代的消费习惯变化则促使企业拥抱数字化转型。

1．社会文化

　　社会文化环境的内涵更为广泛，涵盖社会结构、风俗习惯、信仰价值、行为规范、生活方式及文化传承等多个维度。这些元素共同塑造了社会的行为模式与消费倾向，影响着企业的产品设计、营销策略乃至品牌形象。以家庭价值观为例，节俭与奢华两种截然不同的家庭文化，会培育出不同的消费习惯，从而对市场细分和产品定位产生深远影响。在全球化背景下，各国文化传统与主导价值观的差异，如西方个人主义与东方集体主义的对比，要求企业跨国经营时需精准拿捏市场脉搏，尊重并融入当地文化，以减少文化冲突，提升市场接受度。

2．价值观

价值观是社会文化的核心，它是社会公众判断事物的标准和行为指南。不同地区价值观的差异，如西方强调个人成就与创新，而东方看重和谐与集体利益，影响着消费者的偏好和消费心理，要求企业调整战略以适应多元价值观导向的市场需求。

3．人口统计特征

人口统计特征的动态变化不容忽视。中国面临的老龄化浪潮和家庭小型化趋势，以及城镇化进程中的"农民工"现象，都对企业战略提出了新挑战。例如，老年人口的增长促使医疗保健、养老服务成为新兴产业，而城镇化带动的消费升级和农村市场的开发，为企业提供了新的增长点。

二、产业环境分析

（一）产品生命周期

在探讨企业经营状况时，有两个核心因素不容忽视。首先，是企业在其所在产业中所处的具体阶段，这直接关系到企业的竞争态势和市场策略。其次，整个产业的发展状况也对企业经营产生深远影响，一个蓬勃发展的产业往往能带动企业快速成长，而一个衰退的产业则可能拖累企业表现。为了更好地分析这些因素，我们引入产品生命周期理论，该理论有助于我们深入理解产业和产品的不同发展阶段。一个一般的产业生命周期阶段的示意，如图3-2所示。产品生命周期理论是一个描述产品从引入到衰退全过程的理论框架。不同的产品在其生命周期中会经历不同的阶段，每个阶段都有其独特的市场特征和经营策略。接下来，我们将详细探讨产品生命周期的各个阶段及其对企业经营的影响。

销量				
阶段	开发	成长	成熟	衰退
市场发展	缓慢	迅速	下降	亏损
市场结构	零乱	竞争对手增多	竞争激烈 对手成为寡头	取决于衰退的性质 或形成寡头或出现垄断
产品系列	种类繁多 无标准化	种类减少 标准化程度增加	产品种类 大幅度减少	产品差异度小
财务含义	起动成本高 无回本保障	增长带来利润，但大 部分林润用于再投资	带来巨额利润，再投资 减少，形成现金来源	采取适当的战略 保持现金来源
现金使用或 来源	大量使用现金	趋于保本	重要现金来源	现金来源（如果战略不适 当可能使用大量现金）
产品含义	一次性或批量生产， 未能流水形成大众 生产	经验曲线上升 成本下降	强调降低成本 高效率	行业生产能力下降
研究和开发 含义	大量对于产品和生 产过程的研究	对产品的研究减少， 继续生产过程研究	很少，只有必要时 进行	除非生产过程或重振产 品有此需要，否则无支出

图 3-2　产业生命周期对战略的影响

上图显示，产业周期理论将产业的发展分为四个阶段：开发期、成长期、成熟期和衰退期。每个阶段都有鲜明的特点。

1. 开发期

开发期是产品生命周期的起始阶段，始于产品首次投放市场之时。在这个阶段，产品对于消费者而言是全新的，因此只有那些愿意尝试新鲜事物的消费者才会购买。这就导致产品在市场上的渗透率相对较低，市场份额有限。

在产品投放市场之前，企业往往难以准确预测哪些消费者群体会对产品感兴趣，这增加了市场定位的难度和营销成本的不确定性。同时，由于新产品通常处于试验和改进阶段，生产规模相对较小，从而导致单位产品的成本较高。

在定价策略上，企业面临着一个重要抉择：是采用高价"撇脂法"迅速回收研发成本，还是通过低价"渗透法"快速抢占市场份额。这一决策主要取决于产品的需求价格弹性。当产品需求对价格不敏感时，高价"撇脂法"可能是更明智的选择，因为这有助于企业在产品初期就实现较高的利润。然而，当产品需求对价格较为敏感时，低价渗透策略则更为合适，因为这有助于企业迅速占领市场，并通过规模效应降低成本。

尽管开发期存在诸多不确定性和风险，如现金流压力、经营失败的可能性等，但这也为企业提供了巨大的机会。通过先入为主的优势，企业有望在市场上建立强大的品牌认知度和客户忠诚度，为后续的竞争奠定坚实基础。

2．成长期

随着产品逐渐被市场接受并认可，产品进入成长期。在这个阶段，市场销售额呈现出快速增长的态势。然而，这也意味着先导企业将面临着来自跟进者的激烈竞争。为了规避与已确立市场地位的企业直接竞争，跟进者往往会寻找新的细分市场或创新点来突破。

成长期是企业抢占市场份额、巩固市场地位的关键时期。由于消费者群体尚未稳定，企业有机会通过有效的营销策略和产品创新来吸引更多消费者。同时，随着销售额的快速增长和现金流的改善，企业可以逐渐收回投资并实现盈利。

然而，当新的细分市场出现时，企业需要谨慎评估是否进入以及如何进入。这涉及到对市场需求、竞争态势以及自身资源的综合考量。正确的决策将有助于企业在市场上保持领先地位并实现持续增长。

3．成熟期

当成长期过后，大量的潜在购买者已经购买了产品，此时产品便进入了成熟期。这个阶段通常会持续较长时间，但具体时长会因市场而异，有的可能仅持续几天或几周，有的则可能延续数十年甚至更久。

在成熟期，企业想要抢占更多的市场份额将变得更为困难且代价高昂。因此，许多企业会将战略重心转向维持现有客户群上，通过提供优质的服务和产品来增强客户忠诚度。同时，企业也会投入一定的资源来与竞争对手争夺新出现的少量消费者。

在这个阶段，企业开始大量回收现金，这为其研发新产品或支持其他处于初期阶段的产品提供了资金支持。然而，为了保持市场地位并应对潜在的竞争威胁，企业需要时刻保持警惕并准备进行产品更新或重新定位。

当市场份额趋于稳定时，这通常被视为产品生命周期的一个关键转折点。为了维持和提升在成熟市场的竞争力，企业必须密切关注市场动态和消费者需求的变化，并灵活调整战略以适应这些变化。

4．衰退期

随着市场的逐渐饱和和消费者需求的转变，产品最终会进入衰退期。在这个阶段，所有市场都开始呈现出衰退的趋势。面对这种情况，企业需要考虑向新的市场转移或采取策略来延长产品的生命周期。

延长产品生命周期的策略包括开发产品的新用途、寻找新的消费者群体或对产品进行重新定位等。即使产品提前进入衰退期，企业仍然有可能从某些特定的细分市场中获得收益。

在衰退期，企业通常会采用"挤奶牛"战略，即尽量减少对衰退期产品的投资以降低成本和风险。有些企业可能会因为无法承受衰退期的压力而提前退出市场，这为剩余的企业提供了扩大市场份额的机会。然而，产品最终会退出市场，企业在这个阶段赚取的任何利润都可以视为对之前投资的回报。因此，在衰退期，企业需要精心策划退出策略以确保资源能够平稳地转移到新的增长点或产品上。

（二）产业结构分析

在深入探讨产业结构时，我们不得不提及美国哈佛商学院的迈克尔·波特（Michael Porter）教授所提出的五种力量竞争分析模型。这一模型已成为行业环境分析的重要工具，被广泛应用于各个领域的市场分析中。波特教授明确指出，任何企业在市场环境中都会面临五大竞争力量：潜在进入者、替代产品、购买者、供应者以及产业内的现有竞争者。这些力量综合作用，共同塑造了行业的竞争格局，进而影响着企业的经营策略和盈利水平，如图 3-3 所示。

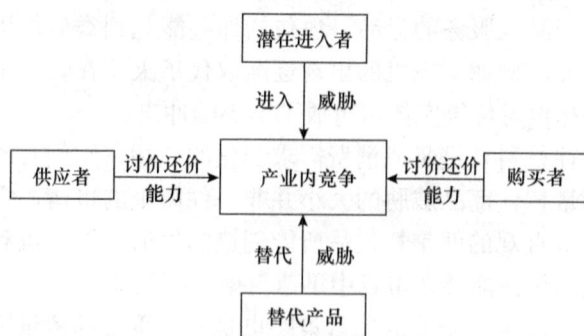

图 3-3　波特的五种力量竞争分析模型

1. 潜在进入者的威胁

市场的新进入者总是带着瓜分现有市场份额的野心，这无疑会加剧行业内的竞争压力。同时，新进入者带来的额外产品供给也可能导致市场价格下滑，从而影响现有企业的利润空间。然而，新进入者所面临的威胁并非一成不变，它受到行业进入障碍的影响。这些障碍多种多样，有的来自于行业特性，有的则与政策法规息息相关。

首先是规模经济。当企业规模达到一定程度时，生产成本会随之降低，这是规模经济的典型表现。在这一阶段，大型企业拥有更明显的成本优势，能够以更低的价格提供产品或服务，从而形成市场壁垒。以经济型酒店为例，新进入者往往难以在短时间内达到这样的规模，因此其生产成本相对较高，这在一定程度上抑制了新投资者的进入。

其次是产品差异。这不仅仅是指产品本身的差异，还包括服务、品牌、企业形象等多个方面。对于那些已经建立起高度知名度和良好企业形象的企业来说，顾客往往已经形成了特定的消费偏好。新进入者若想在市场中站稳脚跟，就必须投入大量的资金和时间来塑造自己的品牌和形象，这无疑增加了其市场进入的难度。

再次是投资需求。不同行业对启动资金的需求各不相同，资金门槛的高低直接影响着潜在进入者的数量。例如，旅游行业中的旅游景区和航空公司往往需要巨额的投资，这自然限制了投资者的范围。相比之下，餐饮等行业的投资门槛较低，因此更容易吸引大量的中小投资者。

最好，政府政策的限制、顾客的转换成本、销售渠道的建立以及技术障碍等也是影响新进入者的重要因素。这些因素共同构成了行业的进入壁垒，保护着现有企业免受过度竞争的影响。

2. 潜在替代商品的威胁

替代商品的概念在市场竞争中占据着举足轻重的地位。它不仅仅指那些能够直接取代原有产品或服务的竞品，还包括那些能起到类似作用、但并非直接竞争的产品或服务。例如，飞机的出现逐渐取代了火车在长途旅行中的地位，而网上商店的兴起也对传统实体店造成了不小的冲击。

替代商品往往是科技进步或消费需求变化的产物，它们对现有企业构成了巨大的威胁。衡量替代商品威胁的大小并非一件简单的事情，它涉及到多个维度的考量。其中最直观的就是替代品所能创造的价值，即其盈利能力。一个盈利能力强的替代品往往能够在市场中迅速占据一席之地。

此外，替代商品生产企业的经营策略也是一个重要的考量因素。一个明智的经营策略能够帮助替代品更快地融入市场、被消费者所接受。而消费者的购买意愿和品牌忠诚度同样不容忽视。一个受到消费者欢迎的替代品往往能够在短时间内改变市场的竞争格局。

然而，替代商品的出现并不意味着原有产品必将被淘汰。在多种替代品共存的市场中，各种产品之间往往能够形成互补关系，共同满足消费者的多样化需求。以旅游行业为例，飞机、汽车、火车和轮船等多种交通方式长期共存，它们各有优势、互为补充，共同构成了丰富多彩的旅游交通体系。同样地，在住宿和旅行社服务领域也存在着多种产品和服务长期共存的现象。

3. 供应商的拟价能力

在复杂的商业生态中，供应商作为产业链的重要一环，其议价能力的高低直接影响着下游企业的成本结构和利润空间。供应商的议价能力，简单来说，就是他们在与购买方进行价格谈判时所能施加的影响力。这种能力不仅关乎供应商自身的利润水平，也在很大程度上塑造了下游企业的竞争格局。

那么，哪些因素会影响供应商的议价能力呢？首先，供应商提供的资源的稀缺性是一个关键因素。如果供应商所掌握的资源或技术是市场上难以替代或稀缺的，那么他们在谈判中就拥有了更多的筹码。比如某些特殊的原材料或专利技术，由于其独特性，使得供应商在定价方面具有较大的话语权。

其次，资源的需求状况也是一个重要的考量点。当某种资源或产品供不应求时，供应商自然就有更大的议价空间。反之，如果市场需求低迷，供应商为了维持销量和客户关系，可能就不得不在价格上做出一定的让步。

再次，转换供应商的成本也是影响议价能力的一个因素。对于购买方来说，如果更换供应商的成本过高，那么他们可能更倾向于接受现有供应商的价格条件，这无疑增强了供应商的议价能力。这种成本不仅包括寻找新供应商、重新建立合作关系等显性成本，还包括可能因更换供应商而带来的生产中断、质量风险等隐性成本。

最后，资源供应商的数量也在一定程度上影响着议价能力。当市场上同类供应商众多时，购买方就有更多的选择和谈判余地，这无疑会削弱单个供应商的议价能力。相反，如果市场上某类资源的供应商寥寥无几，那么这些供应商在定价方面就拥有了更大的自由度。

4. 需求方的谈判能力

在商业交易中，需求方（或称买方）的议价能力同样不容忽视。需求方的议价能力直接影响到供应商的利润空间和市场竞争策略。那么，哪些因素会影响需求方的议价能力呢？

首先，需求方的数量和购买量是一个重要的影响因素。当需求方数量较少但购买量巨大时，他们在谈判中就拥有了更大的话语权。因为这种情况下，供应商对失去这个大客户的风险更加敏感，所以更可能在价格上做出让步。相反，如果需求方数量众多但每个客户的购买量都不大，那么他们在谈判中的议价能力就相对较弱。

其次，提供产品的企业数量也会影响需求方的议价能力。当市场上提供同类产品的企业众多时，需求方就有更多的选择和比较余地，这无疑会增强他们的议价能力。因为供应商为了争取客户，可能不得不在价格或服务质量上做出更多的承诺和让步。

再次，替代品的可获得性与需求方的转换成本也是影响议价能力的重要因素。如果替代品容易获得且转换成本较低，那么需求方在谈判中就拥有了更多的筹码。因为他们可以威胁说如果价格不合适就转向其他供应商或替代品。这种威胁对于供应商来说是具有实质性的，因此可能会影响他们在价格上的决策。

最后，还有一些其他因素也会影响需求方的议价能力。例如行业内产品的差别化程度、需求方对价格的敏感程度、需求方对行业成本结构的了解程度以及购买者的后向一体化可能性等。这些因素都在不同程度上塑造着需求方在谈判中的地位和影响力。

5. 企业之间的竞争

在现代商业环境中，企业之间的竞争日益激烈，它们通过各种方式来争夺市场份额和客户资源。这种竞争通常通过价格、服务、渠道等多种方式表现出来，每一种方式都是企业为了获取竞争优势而精心策划和实施的策略。

当我们深入分析行业内的主要竞争对手时，需要从多个维度进行全面的考量。这包括了解对手的目标、假设、当前采取的战略以及它们的潜在能力，如图 3-4 所示。这些分析不仅有助于我们理解对手的市场定位，还能够预测它们未来的市场行为。

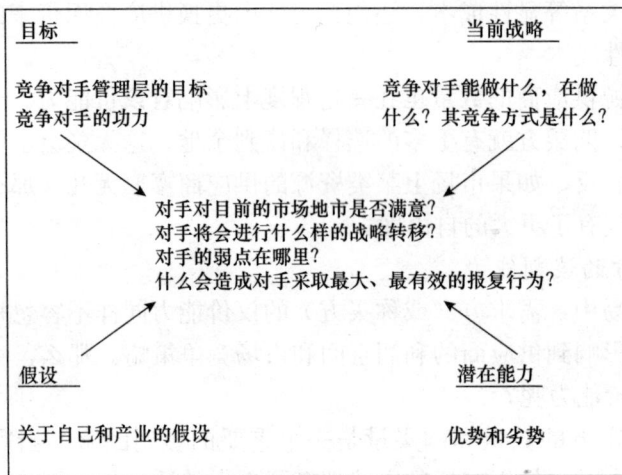

目标
竞争对手管理层的目标
竞争对手的功力

当前战略
竞争对手能做什么，在做什么？其竞争方式是什么？

对手对目前的市场地市是否满意？
对手将会进行什么样的战略转移？
对手的弱点在哪里？
什么会造成对手采取最大、最有效的报复行为？

假设
关于自己和产业的假设

潜在能力
优势和劣势

图 3-4　竞争者分析模型

首先，对竞争对手的目标进行深入分析是至关重要的。目标是企业制订战略和行动的指南，它们反映了企业对市场的期望和追求。通过了解对手的目标，我们可以推断出它们对当前竞争位置的满意度，以及它们盈利情况是否达到预期。这种分析为我们提供了洞察对手竞争动力来源的机会，从而为我们预测其未来市场行为提供了有价值的线索。

其次，我们需要探讨竞争者的战略假设。这些假设可以分为两类：一类是关于竞争者自身市场地位、力量和发展前提的假设；另一类是关于所在产业及产业内其他企业的假设，这涉及到产业结构、发展前景以及产业的潜在获利能力。对这些假设的了解，不仅可以帮助我们掌握对手对产业的认知和相应的战略选择，还可以揭示出它们的认知方式，这对我们制订针对性的竞争策略至关重要。

再次，对竞争对手当前战略的分析也是不可或缺的一环。这需要我们深入了解企业的实际运作和意图，包括它们的市场占有率、产品或服务的销售渠道、研发实力、定价策略以及成本控制的关键因素等。这些信息不仅有助于我们全面了解对手的竞争态势，还能为我们提供优化自身战略和操作的灵感。

最后，对竞争对手的能力分析是整个分析过程中的关键环节。能力决定了企业在面对市场变化时作出战略反应的可能性、强度、性质和时间选择。这包括它们的核心竞争力、增长潜力、市场反应速度以及应变能力等。通过这些分析，我们可以更准确地评估对手的强弱项，从而为我们制订更有效的竞争策略提供坚实的依据。

第二节　企业内部环境分析

一、企业资源分析

企业的经济活动，无论是生产、销售还是创新，都是建立在企业自身的资源基础之上的。这些资源，指的是企业所掌控或能够调动的所有有效要素的总和。它们贯穿于企业的各个运营环节，从初始的产品研发到最终的市场营销，无所不在，且形式多样，既包括物质形态的资源，也包括非物质形态的资源。

（一）企业资源的分类

在深入探讨企业资源时，我们通常会从两个大类进行剖析：有形资源和无形资源，如表3-1所示。

表3-1　有形资源和无形资源

有形资源	财务资源	企业的资产负债；企业内部产生现金流状况
	组织资源	企业组织结构、管理机制、控制方法、管理传统或者组织惯例等
	实物资源	企业经营所需要的设施与设备的分布和先进水平
	人力资源	企业员工的数量及性质、知识和能力结构
无形资源	技术资源	企业的专利、商标、版权和商业机密
	关系资源	企业与政府、顾客、供应商、行业协会等相关利益集团的关系
	声誉资源	品牌和企业声誉

1. 有形资源

有形资源，顾名思义，是指那些看得见、摸得着，能够量化的资产。这类资源不仅容易被人们识别，其价值也相对容易估算。在企业参与市场竞争的过程中，有形资源扮演了硬性要素的角色，它们主要包括用于创造客户价值的实物资产和金融资产，例如厂房设施、生产设备以及资金等。这些资源的价值，通常可以通过企业的财务报表得到直观地反映。

有形资源可以进一步细分为财务资源、组织资源、实物资源以及人力资源四大类。值得一提的是，人力资源在这里显得尤为特殊。它不仅涵盖了企业的知识结构、专业技能、决策能力，还包括了团队的使命感、奉献精神、协作能力以及组织的整体敏捷性。正因如此，不少战略学家将人力资源视为"人力资本"，以凸显其在企业发展中的核心地位。

尽管有些有形资源是竞争对手可以轻易获取的，因而不能为企业带来独特的竞争优势，但是，那些稀缺的有形资源却能够让企业在激烈的市场竞争中占据先机。以香港的半岛酒店为例，其得天独厚的地理位置——位于九龙半岛的天星码头旁，让游客能够尽享对岸香港岛和维多利亚港的绝美海景与夜景。这一独特的地理位置成为了酒店的一大特色，也是其在香港五星级观光酒店中脱颖而出的竞争优势之一。

对于企业有形资源的评估，我们应该从三个主要方面进行考量：首先，要探索是否有更经济高效的方式利用这些资源，比如用更少的资源完成更多的任务，或者用同等的资源实现更大的事业；其次，需要评估在未来战略期内，随着环境的变化以及企业核心能力和竞争优势的发展目标，企业有形资源的缺口会有多大，并据此进行先期投入规划；最后，还应考虑是否有可能将现有的有形资源投入到利润更高的领域中，比如通过资源重组、开发或与其他企业建立战略联盟，甚至出售部分有形资源，以提高企业的资产利润率。

2. 无形资源

相对于有形资源而言，无形资源则是那些在企业长期发展过程中逐渐积累形成的、不易辨识和量化的资产。这些资源包括但不限于企业的创新能力、产品和服务的声誉、专利技术、版权、商标、专有知识以及商业机密等。无形资源的独特性在于其难以被竞争对手轻易解释和模仿，因而具有巨大的潜力。我们可以将无形资源大致划分为技术资源和商誉资源两大类。

值得注意的是，由于无形资源在企业的资产负债表中往往被低估或甚至被完全忽视，这导致了公司的账面价值与股票市场价值之间常常存在显著的差异。

无形资源具备两个显著的特点：一是其难以被竞争对手获知、模仿或取得。在无形资源面前，简单的模仿和金钱投入往往难以奏效。正因如此，企业和组织总是竭力追求更多的无形资源，并以此为基础打造其核心能力和组织能力。无形资源的"无形"特性越显著，其在竞争对手面前的隐蔽性就越好，从而形成的竞争优势也就越稳定、越持久。二是其价值的非转移性。与有形资源在使用过程中价值逐渐转移到产品或服务中不同，无形资源在使用过程中其价值不仅不会减少，反而有可能因为使用而增加。例如，员工在工作中运用自己的知识和技能，随着熟练度的提高，这些知识和技能的价值也会随之增加。

在现代企业中，无形资产越来越受到重视，它们往往成为企业竞争力的重要组成部分。以美国的嘉宝公司为例，这家拥有近 70 年历史的婴儿食品生产商，凭借其产品声望、品牌形象、企业文化以及专利技术等无形资源，赢得了消费者的广泛认同，从而构建了其独特的竞争优势。因此，在构建企业持久竞争优势的过程中，我们应更加注重无形资源的获取而非仅仅关注有形资源。

（二）资源分析的程序与重点

资源分析是一个复杂而细致的过程，它涵盖了企业内部多个领域，包括财务、人力资源、市场营销、生产制造、采购、研发以及物流等。这一分析过程对于战略管理者而言至关重要，因为它要求管理者不仅具备广泛的专业知识，还需要掌握有效的分析方法。资源分析的程序和核心要点主要包括以下几个方面。

1. 资源的数量和质量

在资源条件相似的情况下，企业所拥有的资源数量越多，其质量往往也越高，进而为企业带来更大的竞争优势，并为其战略选择提供更多的灵活性。因此，在进行企业内部资源分析时，战略管理者的首要任务是全面了解企业资源的数量及其质量水平。这种了解虽然不能直接作为重大战略决策的唯一依据，但它可以帮助管理者判断当前战略是否需要调整，以及可能的调整范围。

例如，随着跨国企业进入中国市场并参与竞争，我国的中小企业必须重新审视自己的资源储备。它们需要评估自己的资源是否足以支持其继续开拓市场的战略。如果资源不足，这些企业可能需要考虑调整战略，如选择更为集中的市场策略。同样，对于实施多元化战略的大型企业来说，也需要评估其资源是否足以在多个行业与跨国企业竞争，或者是否应回归主营业务，实现更集中的发展。

2. 资源的分布

资源的分布合理性对企业资源优势的形成至关重要。不同行业、不同定位和商业模式的企业，其资源利用和配置方式也各有不同。因此，企业战略管理者在分析内部资源时，应根据外部环境分析的结果，判断企业有限的资源是否被合理配置在了对价值创造贡献最大的环节。

　　以顺德新宝电器公司为例，这是一家专注于出口加工的小家电企业。为了最大化其优势，该公司将大部分资源配置在零配件生产、产品组装和工业设计等关键环节。这种资源配置方式不仅提高了生产效率，还使企业在接到国外订单后能快速完成产品生产。正是在这种符合行业和商业模式的资源配置策略下，该企业在金融危机期间仍能实现利润的显著增长。

　　3. 资源的稀缺性

　　资源的稀缺性是企业获取竞争优势的关键因素之一。当企业拥有某种稀缺资源时，它就更有可能在激烈的市场竞争中脱颖而出。以中集集团为例，该公司在上市后连续收购了中国沿海主要港口的多个集装箱企业。这一战略举措的背后是对集装箱行业运输成本竞争关键性的深刻理解。在这个行业中，地点成为了一种极其重要的稀缺资源。中国作为全球最大的净出口国，拥有得天独厚的地理优势，而中国沿海主要港口附近就是中国最主要的出口加工基地，这使得这些港口成为了生产集装箱的理想地点。

　　中集集团通过收购这些港口的集装箱企业，不仅降低了运输成本，还进一步巩固了其在全球集装箱行业的领先地位。这一案例充分说明了稀缺资源在构建企业竞争优势中的重要作用。

二、企业的战略能力分析

　　企业战略能力的核心在于整合与优化资源，通过这种技能推动企业价值的持续增长。单纯依赖单一资源并不能自发地形成竞争优势，真正的竞争实力来源于对多种资源的精妙组合与协同。就如同一支顶尖的足球队伍，虽然拥有一位世界级前锋是巨大财富，但这份优势的完全释放，还需依赖于全队的无缝配合、统一战略和每位球员的高效执行，共同织就团队的胜利之网。

　　企业能力的体现广泛覆盖于各项关键职能领域，如研发创新（R&D）、生产制造、市场营销、信息系统管理及财务策略等。以电视制造业为例，康佳以其卓越的研发能力闻名，不断推陈出新；长虹则在制造工艺上精益求精，打造品质基石；海尔则以其出色的营销服务体系，赢得了市场的广泛赞誉，构建了强大的品牌忠诚度。

　　此外，一些高级战略能力跨越了单一职能界限，展现出综合性的特点，要求对各类资源和不同部门的深度整合。这些能力，诸如创新能力，能够推动企业不断突破界限，探索未知；学习能力，确保组织快速适应环境变化，持续进步；以及战略性整合能力，使企业能够高效地将分散的资源与能力聚合，形成合力，共同应对市场挑战，开启增长的新篇章。这些能力的培养与强化，是企业构筑长期竞争优势的基石，是战略成功的关键所在，见表3-2。

表 3-2　企业能力分类

企业能力类型	举例	
职能领域	营销能力	敏锐的市场意识 准确的市场定位与恰当的广告促销 有效的分销物流体系
	人力资源	有效的、广泛的、持续的员工培训 有效的激励体系
	研究与开发	快速的产品革新 独到的工艺技术 较强的基础研究能力
	制造	敏捷制造 精密制造 复杂制造
	管理信息系统	完整的信息管理体系 较强的信息分析与加工能力 商务电子化的能力
	学习能力	良好的鼓励个人学习的氛围 作为整体的企业能够通过实践进行学习的能力
	创新能力	鼓励创新的氛围 有效的创新方法
	战略性整合能力	有效的市场驱动以及与顾客和供应商的关系 有效的战略联盟 有效的组织结构 构建健康的企业文化与在恰当时候进行文化变革的能力

在深入剖析企业时，我们可以从多个维度来考察其综合实力。以下，我们将从企业财务能力、营销能力、生产管理能力以及企业文化等核心方面，逐一展开详细的分析。

（一）财务能力探究

当我们要评估一个企业在现实经营中的稳健性和潜力时，首要任务就是对其财务状况进行全面的、深入的了解。企业的财务报表和相关资料，就像是一本记录企业经营历程和绩效的"日记"，为我们提供了丰富的分析素材。

在其中，财务比率分析被广大分析师所青睐。这种方法可以从两个主要角度进行切入：一是通过计算并对比本企业与行业内其他竞争对手或行业平均水平的财务比率，来揭示企业在行业中的相对财务状况和经营成果。这样的对比，能够帮助我们更加清晰地看到企业在行业中的定位，以及其与竞争对手之间的优劣势对比。

另一个角度，则是将企业当前的财务比率与其过去和未来的预测值进行对比。这样做的好处是，可以观察到企业财务状况和经营成果在一个相对较长时间段内的变化趋势，从而对企业的持续性和成长性有一个更为准确的判断。

财务比率分析体系涵盖了五大类关键指标，它们分别是收益性、安全性、流动性、成长性和生产性指标。通过综合这五类指标，我们能够绘制出一个企业的全面财务画像，进而洞察其经营中的长处和短板。这对于企业制订或调整其战略方向具有至关重要的指导意义。

（二）营销能力分析

从战略的高度来看，营销能力不仅仅是销售技巧和产品推广那么简单，它涉及到企业如何在竞争激烈的市场中精准定位、有效推广并持续吸引客户。具体来说，我们可以从以下三个核心方面来探讨。

1．市场定位的准确性

市场定位的准确性直接关系到企业产品或服务能否准确触达目标客户群。这要求企业具备强大的市场调查和研究能力，能够精准把握市场的细分标准，科学评价和确定其目标市场，并最终占据并保持其在市场中的独特位置。

2．市场营销组合的有效性

一个有效的市场营销组合，需要与目标市场中的有效需求保持高度一致，同时还要与目标市场产品的寿命周期相匹配。只有这样，企业的营销活动才能事半功倍，实现最大化的市场覆盖和客户触达。

3．营销管理能力的考量

营销管理能力，简单来说，就是企业对营销团队和营销活动的组织、协调和控制能力。这包括但不限于营销团队的建设与培训、营销人员的绩效考核与激励机制设计，以及应收账款的精细管理等。一个高效的营销管理团队，能够确保企业的营销活动始终沿着既定的战略目标前进，实现销售和市场占有的持续增长。

（三）企业生产管理能力分析

生产管理，作为企业运营中的核心环节，其重要性不言而喻。从原材料的投入到最终产品或服务的输出，每一个环节都考验着企业的生产管理能力和效率。特别是在那些成本主要发生在生产过程中的行业，生产管理能力的强弱直接关系到企业战略的成败。

生产管理的首要任务是构建一个高效、灵活且可控的生产体系。根据美国管理学者罗杰·施罗德的观点，我们可以从以下五个方面来全面分析企业的生产管理能力：

1. 生产过程的优化

生产过程的设计是否合理、高效，直接决定了生产效率和成本控制的效果。技术选择、设施配置、工艺流程的顺畅性、设施的合理布局、生产线的平衡以及生产控制和运输的协同等，都是这一环节需要深入分析的要点。

2. 生产能力的规划

确定企业最佳的生产能力，是确保生产与市场需求保持同步的关键。这涉及到产量的精准预测、设施和设备的长远规划、生产计划的制订、生产能力的灵活调整，以及应对突发情况的排队分析等。

3. 库存管理的精细化

库存管理，看似简单，实则关乎企业资金流的健康运转。原材料、再制品和产成品的存量管理，需要精细到每一个订货品种、时间节点的把控、订货数量的优化，以及物料搬运的高效性等。

4. 劳动力的合理配置与管理

无论是熟练工人还是非熟练工人，亦或是管理层，他们都是企业生产力的重要组成部分。如何合理设计岗位、科学测定绩效、丰富工作内容、设定明确的工作标准，以及采取有效的激励方法，都是提升劳动力效率和管理效果的关键。

5. 质量控制的严格性

质量是企业的生命线。从质量控制体系的建立，到质量检验的严格执行，再到质量保证体系的完善，以及成本控制的精细化，每一个环节都关乎企业的长远发展和品牌形象。

（四）企业组织能力分析

在过去的几十年里，外部环境一直被视为企业战略成功的关键因素。特别是在 20 世纪 60 年代至 80 年代，行业组织模式（简称 I/O 模型）逐渐成为解释外部环境如何深刻影响企业战略行动的主导理论。该模型强调，企业所选择的行业环境，相较于企业内部决策，对企业的绩效有着更为深远的影响。简言之，一个行业的固有特性在很大程度上预设了企业的绩效表现。这些特性包括规模经济效应、新进入者的门槛、行业内的多元化程度、产品的差异化以及行业的集中程度等。

行业组织模式以经济学为理论基础，并建立在四个核心假设之上：

（1）外部环境的选择是决定企业能否实施高于平均绩效战略的关键约束条件。换言之，外部环境为企业战略的成功设定了边界和条件。

（2）在特定行业或行业细分市场中，相互竞争的企业往往拥有相似的战略资源，并据此制订出大同小异的战略。这意味着在相似的资源基础上，企业战略的趋同性较高。

（3）战略资源在企业间具有高度流动性。资源的这种流动性导致企业之间的任何资源优势都是暂时的，难以形成长期的竞争优势。

（4）企业决策者均以理性地追求企业利益最大化为目标。这反映了决策者在制订企业战略时的基本出发点和动机。

在这一理论框架下，行业组织模式鼓励企业寻找并进入最具吸引力的行业。由于资源的高度相似性和流动性，企业通常只有在找到盈利前景良好的行业，并学会根据行业结构有效利用资源时，才能提升其竞争力。为了帮助企业实现这一目标，五种力量模型应运而生。该模型指出，行业的盈利能力是五种力量——供应商、购买者、现有竞争对手、替代产品以及潜在进入者——相互博弈的结果。利用这一分析工具，企业可以洞察行业的盈利潜力，并根据行业特点制订相应的战略，从而建立稳固的竞争优势。模型进一步指出，企业可以通过两种主要战略来提高收益：一是以低于竞争对手的成本提供标准化的产品或服务，即成本领先战略；二是通过产品差异化来提升顾客支付意愿，即差异化战略。

工业组织模式认为，当企业根据一般环境、行业环境和竞争环境的特点制订实施战略时，能够取得高于正常收益，如图 3-5 所示。那些能够自主研发或从外部获取实施这些战略所需技能的企业将会成功，而无法做到这一点的企业则可能面临失败。这里强调的是外部环境特征对企业成功的重要性，而非企业内部的独特资源和能力。

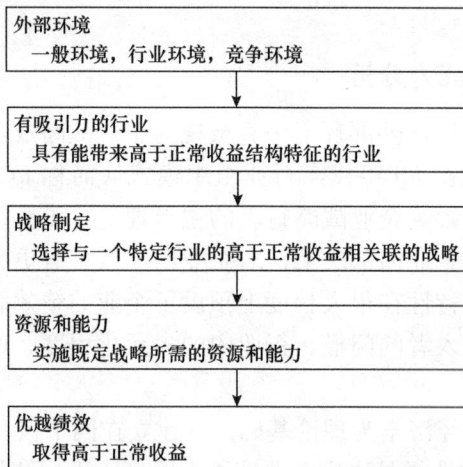

```
┌─────────────────────────────────────────┐
│ 外部环境                                   │
│   一般环境，行业环境，竞争环境              │
└─────────────────────────────────────────┘
                    ↓
┌─────────────────────────────────────────┐
│ 有吸引力的行业                             │
│   具有能带来高于正常收益结构特征的行业      │
└─────────────────────────────────────────┘
                    ↓
┌─────────────────────────────────────────┐
│ 战略制定                                   │
│   选择与一个特定行业的高于正常收益相关联的战略 │
└─────────────────────────────────────────┘
                    ↓
┌─────────────────────────────────────────┐
│ 资源和能力                                 │
│   实施既定战略所需的资源和能力              │
└─────────────────────────────────────────┘
                    ↓
┌─────────────────────────────────────────┐
│ 优越绩效                                   │
│   取得高于正常收益                         │
└─────────────────────────────────────────┘
```

图 3-5　行业组织模式

（五）企业文化

企业文化，这个看似抽象的概念，实际上是由一系列共同的价值观、目标、行为规范和思维方式构成的。它不仅是一个企业内部的精神支柱，更是推动企业持续发展的重要力量。在当今竞争激烈的市场环境中，越来越多的企业开始认识到企业文化的价值，并将其视为提升竞争力的关键要素。

哈佛学者约翰·科特和詹姆斯·赫斯科特在深入研究数百家企业后，揭示了企业文化与经营业绩之间的紧密联系。他们的研究得出了以下四个重要结论。

（1）在企业的长期发展过程中，企业文化发挥着举足轻重的作用。一个积极、健康的企业文化能够激发员工的归属感和创造力，从而推动企业的持续创新和发展。

（2）企业文化在未来十年内有可能成为决定企业成败的关键因素。随着市场竞争的加剧和消费者需求的多样化，企业文化将成为企业塑造品牌形象、提升客户满意度的重要工具。

（3）负面企业文化对企业成长的阻碍作用不容忽视。即使在人才济济、知识水平高的企业中，负面企业文化也可能迅速蔓延，影响员工的积极性和企业的整体绩效。

（4）尽管企业文化具有稳定性和惯性，但完全有可能通过积极的引导和变革，将其转化为有利于企业经营业绩增长的正能量。这需要企业领导者具备前瞻性的视野和坚定的变革决心。

理论与实践均表明，企业文化不仅能够支持企业的战略管理，帮助企业取得成功，还可能成为阻碍企业发展的因素。因此，对企业文化的现状进行深入分析，识别并强化那些能够支持企业战略的关键要素，同时改进或削弱那些可能阻碍战略实施的要素，对于战略管理者来说至关重要。这一分析过程通常涉及对企业文化的现状、建设过程、特色以及形成机制等方面的全面审视。

第三节 战略分析方法

一、外部分析法

（一）外部因素评价矩阵

通过运用外部因素评价（External Factor Evaluation，EFE）矩阵，战略制

订者能够全面把握那些对企业运营产生深远影响的要素。这些要素涵盖多个方面，包括经济状况、社会环境、文化背景、人口结构、环保要求、政治局势、政府政策、法律法规、技术革新以及市场竞争等。建立 EFE 矩阵有五个步骤。

（1）在进行外部环境分析时，我们需要详细列出所有对企业和行业产生重大影响的外部因素，这些因素的数量通常控制在 15 到 20 个之间。进一步地，这些因素可以根据其性质被归类为两大类：机会和威胁。在列举时，机会通常优先于威胁被列出，并且为了提高分析的准确性和客观性，我们应尽可能地使用百分比、比率和其他可对比的数字来进行描述，正如戴明（Edward Deming）所言："除了信仰，我们更依赖于数据。"

（2）对于每一个列出的因素，我们都会为其分配一个从 0.0 到 1.0 的权重。这个权重反映了该因素对企业成功的重要性，甚至可能是决定企业成败的关键。在常规情况下，机会的权重往往会高于威胁，但如果某个威胁特别严重或正在对企业产生直接影响，其权重也可能被设定为较高值。权重的具体数值可以通过对比成功和失败的企业竞争对手来设定，或者通过团队讨论来达成共识。需要强调的是，所有权重的总和必须等于 1。

（3）我们会针对每一个关键因素，根据其对企业当前战略的反应程度，给出一个从 1 到 4 的评分。在这个评分体系中，4 代表"很好"，显示企业战略对该因素有非常出色的响应；3 代表"高于平均水平"，显示企业战略对该因素的响应比行业平均水平要好；2 代表"在平均水平"，即企业战略的响应与行业平均水平相当；而 1 则代表"很差"，意味着企业战略对该因素的响应远低于行业平均水平。值得注意的是，这个评分是专门针对企业当前战略的效果，而之前提到的权重则更多地关注整个行业。

（4）通过将每个关键因素的权重与其对应的评分相乘，我们可以计算出该因素的加权分数。这个加权分数实际上反映了该因素在企业战略中的重要性和企业战略对该因素的响应程度的综合效果。

（5）将所有加权分数加总，我们得到的是企业的加权总分。这个总分是一个非常重要的指标，它可以帮助我们全面评估企业在应对外部环境因素时的整体表现。

（二）竞争态势矩阵

竞争态势矩阵（Competitive Profile Matrix，CPM）是一种有效的工具，用于明确企业所面临的主要竞争对手，并分析这些对手相对于本企业在战略定位上的独特优势和劣势。与外部因素评价（EFE）矩阵类似，CPM 中的因素权重和总体加权分数的含义是相同的。但值得注意的是，CPM 考察的关键成功因素更为广泛，不仅包括外部因素，还涵盖了内部因素。

在CPM中，我们根据优势到劣势的程度对每个因素进行打分。具体而言，4分代表较大优势，意味着该企业在这一因素上明显领先于竞争对手；3分表示较小优势，即企业在这方面稍有领先；2分则代表较小劣势，说明企业在这方面略显不足；而1分则意味着较大劣势，企业在这一因素上明显落后于竞争对手。与EFE矩阵不同，CPM中的关键成功因素并没有按照机会和威胁进行分类，因为这些因素在EFE矩阵中已经得到了充分的体现。

通过CPM，我们可以将竞争对手在各项因素上的评分和加权总分与企业自身进行对比。这种比较分析为企业提供了宝贵的内部战略信息，有助于企业更准确地评估自身在市场竞争中的地位，从而制订出更为有效的竞争策略。

为了避免在竞争态势中出现误判，CPM强调在评估过程中应避免对企业进行相同的排名。这意味着在分析过程中，我们需要对每个企业的各项因素进行细致入微地考察，以确保评分的准确性和客观性。

让我们通过一个具体的例子来进一步了解CPM的应用。在表3-3所示的CPM矩阵中，广告和全球扩张被确定为该产业成功的最重要因素，因此被赋予了0.2的权重。值得注意的是，如果没有明确给出权重一栏，我们通常会默认每个因素具有同等的重要性。然而，在实际应用中，通过设置权重，我们可以使分析更为精确。这允许分析者根据感知的或实际的重要程度为不同因素赋予更高或更低的数值。

表3-3 一个CPM矩阵的示例

关键成功因素	权重	企业1		企业2		企业3	
		评分	权重得分	评分	权重得分	评分	权重得分
广告	0.20	1	0.20	4	0.80	3	0.60
产品质量	0.10	4	0.40	3	0.30	2	0.20
价格竞争力	0.10	3	0.30	2	0.20	1	0.10
管理	0.10	4	0.40	3	0.20	1	0.10
财务状况	0.15	4	0.60	2	0.30	3	0.45
客户忠诚度	0.10	4	0.40	3	0.30	2	0.20
全球扩张	0.20	4	0.80	1	0.20	2	0.40
市场份额	0.05	1	0.05	4	0.20	3	0.15
总计	1.00		3.15		2.50		2.20

在表3-7的示例中，企业1在"产品质量"方面表现最佳，因此获得了4分的评价；而企业2则在"广告"方面展现出最强的实力。从总体加权分数来

看，企业 1 以 3.15 分的总分位列第一，显示出其在市场竞争中的强劲实力；相对而言，公司 3 则以最低的总分排名垫底。

除了 CPM 矩阵中列出的关键要素外，我们在进行分析时还需要考虑其他一系列因素。这些因素包括但不限于产品线的丰富程度、销售和配送效率、知识产权或专利优势、生产设施的选址、生产能力和效率、行业经验、劳资关系、技术优势以及电子商务专业知识等。这些因素的综合考虑有助于我们更全面地评估企业的竞争实力。

需要强调的是，我们不能仅仅根据 CPM 矩阵中的评分来简单地判断两家企业的优劣。例如，不能因为一家企业在 CPM 矩阵中获得了 3.2 分而另一家企业获得了 2.8 分，就断定第一家企业比第二家企业好 20%。这些数字只是用来表示企业在相对优势上的差距，并不能直接转化为具体的百分比优势。因此，在使用 CPM 时，我们应关注其提供的信息和评价方式，而不是过分迷信数字本身。

另一个 CPM 矩阵的例子如表 3-4 所示。根据该矩阵的评分结果，我们可以看出企业 2 在产品质量和管理经验方面具有明显优势，而企业 3 则在市场份额和库存系统方面领先。与此同时，企业 1 在价格优势方面表现出色。这些信息为企业制订针对性的竞争策略提供了有价值的参考。

表 3-4　另一个 CPM 矩阵的示例

关键成功因素	权重	企业 1		企业 2		企业 3	
		评分	权重得分	评分	权重得分	评分	权重得分
市场份额	0.15	3	0.45	2	0.30	4	0.60
库存系统	0.08	2	0.16	1	0.08	4	0.32
财务状况	0.10	2	0.20	3	0.30	4	0.40
产品质量	0.08	3	0.24	4	0.32	2	0.16
消费者的忠诚度	0.02	3	0.06	1	0.02	4	0.08
分销	0.10	3	0.30	2	0.20	4	0.40
全球扩张	0.15	3	0.45	2	0.30	4	0.60
组织结构	0.05	3	0.15	4	0.20	2	0.10
生产能力	0.04	3	0.12	2	0.08	4	0.16
电子商务	0.10	3	0.30	1	0.10	4	0.40
客户服务	0.10	3	0.30	4	0.20	4	0.40
价格竞争力	0.02	4	0.08	1	0.02	3	0.06

| 管理经验 | 0.01 | 2 | 0.02 | 2 | 0.04 | 3 | 0.03 |
| 总计 | 1.00 | | 2.83 | | 2.16 | | 3.69 |

最后需要指出的是，在进行 CPM 分析时应避免在任何一列中出现重复的分数。这是为了确保评分的客观性和准确性，从而为企业提供更可靠的决策依据。

二、内部分析法

（一）内部因素评价矩阵

内部因素评价矩阵（Internal Factor Evaluation Matrix，简称 IFE）是一个极为实用的工具，它在内部战略管理分析中占据着举足轻重的地位。该矩阵的核心目的是深入评估企业在诸如管理、营销、生产作业以及研究与开发等关键领域所展现的优势和存在的劣势，并进一步探究这些领域之间的相互关联和影响。

不论 IFE 矩阵中包含的因素数量有多少，其总加权分数的变动范围始终稳定在最低 1.0 到最高 4.0 之间，而平均分则固定为 2.5。这一设定为我们提供了一个明确的参考标准：当企业的总加权分数显著低于 2.5 时，便清晰地表明该企业的内部状况并不理想，可能正处于一种相对劣势的地位。相反地，若总加权分数显著高于 2.5，则意味着企业内部运营状况良好，处于较为强势的地位。与外部因素评价矩阵相似，内部因素评价矩阵同样包含 10 至 20 个决定性的因素。值得注意的是，因素的数量并不会影响总加权分数的范围，因为所有因素的权重总和恒定为 1.0。

在某些情况下，同一个因素可能同时具有正面和负面的影响。例如，它可能在某些方面构成企业的优势，而在其他方面则成为劣势。当遇到这种情况时，我们需要在 IFE 矩阵中对该因素进行两次记录，并分别为其优势和劣势部分赋予相应的权重和评分。以花花公子企业公司（Playboy Enterprises）为例，其知名的标识语在一定程度上助力了《花花公子》杂志吸引更多读者，但另一方面，这一标识语也导致"花花公子"有线电视频道在某些地区市场受到限制。

表 3-5 展示了一个典型的 IFE 矩阵实例。从表中可以明显看出，该公司的主要优势体现在流动比率、盈利率以及员工士气方面，这三项均获得了满分 4 分的评价。然而，公司也存在一些明显的弱点，包括缺乏一个完善的战略管理系统、研发支出的持续增长以及对经销商的激励机制不够有效。最终，该公司的总加权分数达到了 2.8，这一数字明确表示，该公司的内部整体战略地位是

高于行业平均水平的。

表 3-5　内部因素评价矩阵举例

关键内部因素	权重		评分	加权分数
优势	1. 流动比率增长至 2.52	0.06	4	0.24
	2. 盈利率上升到 6.94	0.16	4	0.64
	3. 员工士气高昂	0.18	4	0.72
	4. 拥有新的计算机信息系统	0.08	3	0.24
	5. 市场份额提高到 24%	0.12	3	0.36
劣势	1. 法律诉讼尚未了结	0.05	2	0.10
	2. 工厂设备利用率已下降到 74%	0.15	2	0.30
	3. 缺少一个战略管理系统	0.06	1	0.06
	4. 研究开发支出费用过多	0.08	1	0.08
	5. 对经销商的激励不够有效	0.06	1	0.06
总计	1.00			2.80

注：评分含义：1=重要弱点；2=次要弱点；3=次要优势；4=重要优势。

（二）雷达图分析法

雷达图分析法是一种深入剖析客户财务能力的有效工具，它能从动态和静态两个维度全面地审视客户的财务状况。雷达图如图 3-6 所示。

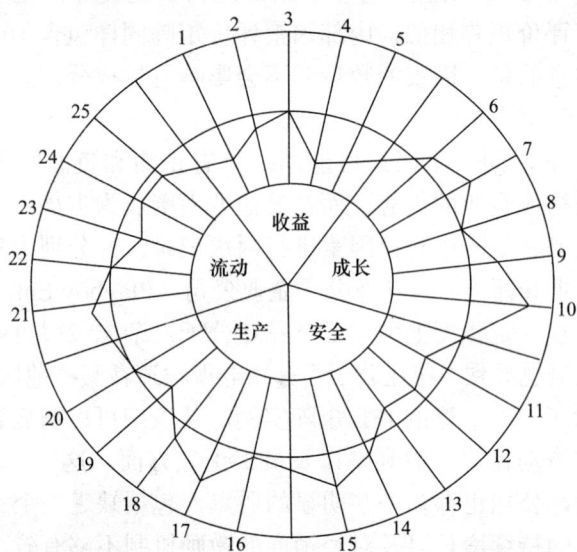

图 3-6　雷达图

在静态分析层面，我们通过将客户的各项财务比率与其他相似客户或整个行业的平均财务比率进行横向对比，从而洞察客户在行业中的财务定位。这种分析方法有助于我们理解客户在同类企业中的竞争力和财务稳健性。而动态分析则更注重客户财务状况的变化趋势。通过把客户当前的财务比率与历史财务比率进行纵向对比，我们能够发现客户财务及经营状况的发展变化方向。这种分析方法使我们能够预见客户的未来财务状况，为决策提供更全面的视角。

雷达图分析法的独特之处在于它将纵向和横向的分析比较方法融为一体。通过综合计算客户的收益性、安全性、流动性、成长性及生产性五类指标，雷达图能够提供一个清晰、全面的客户财务状况视图。

1. 收益性指标

这一类指标主要用于评估客户在特定时期内的盈利能力和收益状况。通过深入分析这些指标，我们可以了解客户的赚钱能力以及其盈利模式的稳健性。主要指标含义及计算公式，见表3-6。

表3-6　收益性指标

企业收益性指标		
收益相比率	基础含义	计算公式
1. 资产报酬率	反映企业总资产的利用效果	$\dfrac{净收益＋利息费用＋所得税}{平均资产总额}$
2. 所有者权益报酬率	反映所有者权益的回报率	$\dfrac{税后净利润}{所有者权益}$
3. 普通股权益报酬率	反映股东权益的报酬	$\dfrac{净利润－优先股股利}{平均普通股权益}$
4. 普通股每股收益率	反映股东权益的报酬	$\dfrac{净利润－优先股股利}{普通股股数}$
5. 股利发放率	反映股东权益的报酬	$\dfrac{每股股利}{每股利润}$
6. 市盈率	反映股东权益的报酬	$\dfrac{普通股每股市场价格}{普通股每股利润}$
7. 销售利税率	反映企业销售收入的收益水平	$\dfrac{利润总额}{净销售收入}$
8. 毛利率	反映企业销售收入的收益水平	$\dfrac{销售毛利}{净销售收入}$
9. 净利润率	反映企业销售收入的收益水平	$\dfrac{净利润}{净销售收入}$
10. 成本费用利润率	反映企业为取得利润所付出的代价	$\dfrac{净收益＋利息费用＋所得税}{成本费用总额}$

2. 安全性指标

安全性指标关注的是客户经营的安全性和资金调度的稳定性。对这些指标的分析旨在评估客户在特定时期内的偿债能力，从而判断其财务风险水平。主要指标含义及计算公式，见表 3-7。

表 3-7 企业安全性指标

安全比率	基本含义	计算公式
1. 流动比率	反映企业短期偿债能力和信用状况	$\dfrac{流动资产}{流动负债}$
2. 速动比率	反映企业立刻偿付流动负债的能力	$\dfrac{速动资产}{流动负债}$
3. 资产负债率	反映企业总资产中有多少是负债	$\dfrac{负债总额}{资产总额}$
4. 所有者权益比率	反映企业总资产中有多少是所有者权益	$\dfrac{所有者权益}{资产总额}$
5. 利息保障倍数	反映企业经营所得偿付借债利息的能力	$\dfrac{（税前利息－利息费用）}{成本费用总额}$

3. 流动性指标

流动性指标用于考察客户在一定时期内资金的周转情况。通过分析这些指标，我们可以掌握客户资金的运用效率，进而评估其运营管理的有效性。主要指标含义及计算公式，见表 3-8。

表 3-8 企业流动性指标

流动性比率	基本含义	计算公式
总资产周转率	反映全部资产的使用效率	$\dfrac{销售收入}{平均资产总额}$
固定资产周转率	反映固定资产的使用效率	$\dfrac{销售收入}{平均固定资产总额}$
流动资产周转率	反映流动资产的使用效率	$\dfrac{销售收入}{平均流动资产总额}$
应收账款周转率	反映年内应收款的变现速度	$\dfrac{销售收入}{平均应收款}$
存货周转率	反映存货的变现速度	$\dfrac{销售成本}{平均存货}$

4. 成长性指标

成长性指标关注的是客户经营能力的发展趋势。对这些指标的分析有助于我们预测客户未来的成长潜力和盈利能力。如果某个客户当前收益性高但成长性不佳，这可能意味着其未来盈利能力将有所下降。因此，用发展的眼光看待客户，动态地分析其财务数据，对于制订长期战略至关重要。主要指标含义及计算公式，见表3-9。

表3-9 企业生产性指标

成长性比率	基本含义	计算公式
1. 收入增长率	衡量企业销售收入的增长速度	$\dfrac{\text{本期销售收入}-\text{上期销售收入}}{\text{上期销售收入}}$
2. 净利润增长率	衡量企业净利润的增长速度	$\dfrac{\text{本期净利润}-\text{上期净利润}}{\text{上期净利润}}$
3. 资产增长率	反映企业资产规模的增长情况	$\dfrac{\text{本期总资产}-\text{上期总资产}}{\text{上期总资产}}$
4. 股东权益增长率	衡量企业股东权益的增长情况	$\dfrac{\text{本期股东权益}-\text{上期股东权益}}{\text{上期股东权益}}$

5. 生产性指标

生产性指标旨在反映客户在一定时期内的生产经营能力、水平和成果分配情况。通过这些指标的分析，我们可以更深入地了解客户的生产效率和盈利能力之间的关系，从而为优化生产流程和提高经营效益提供有力支持。主要指标见表3-10。

表3-10 企业生产性指标

生产性比率	基本含义	计算公式
1. 人均销售收入	反映企业人均销售能力	$\dfrac{\text{销售收入}}{\text{平均职工人数}}$
2. 人均净利润	反映企业经营管理水平	$\dfrac{\text{净利润}}{\text{平均职工人数}}$
3. 人均资产总额	反映企业生产经营能力	$\dfrac{\text{资产总额}}{\text{平均职工人数}}$
4. 人均工资	反映企业成果分配状况	$\dfrac{\text{工资总额}}{\text{平均职工人数}}$

第四章 现代企业总体战略研究

企业的总体战略是其基于深入的内外部环境分析，结合企业的核心使命和长远目标，并根据企业在所处行业中的竞争地位，所作出的关于资源分配和业务领域发展的长期规划。面对多变的经济条件和经营环境，企业需灵活选择不同类型的战略手段，以实现其经营目标和盈利计划。科学合理地选择企业战略对于企业的持续健康发展至关重要，能够确保企业在竞争激烈的市场中保持优势，实现稳定且可持续的增长。

第一节 加强型战略研究

一、企业战略发展的多样化路径

在面对复杂多变的市场环境和内部条件时，企业会基于自身情况选择不同的战略方向。这些战略方向主要可以归纳为三大类别：发展型战略、稳定型战略和收缩型战略。值得注意的是，即使企业总体战略倾向于发展型，其在不同的业务领域也可能采用不同的细分战略。

管理者在规划企业战略时，首先应当考虑如何最大化利用现有业务范围内的产品和市场潜力。此外，企业还可以凭借其在产品、技术、市场等方面的优势，采取纵向深入的一体化战略，以实现更深层次的业务拓展。

当企业发现其他市场存在发展机会时，多元化发展战略便成为了一个选项。通过多元化，企业能够拓展至新的业务领域，寻找新的增长点。然而，实施多元化战略的企业也面临着资源分配的挑战，如何在不同的业务之间合理配置资源，以确保整体战略的成功，是企业需要认真考虑的问题。

在选择具体的战略实施路径时，企业可以选择内部开发、并购、联合开发或联盟等多种方案。这些方案各有优劣，企业需要根据自身情况和市场环境进行综合考虑，选择最适合自己的战略实施路径。

二、密集型发展战略（加强型发展战略）

密集型发展战略，也被称为加强型发展战略，其核心在于企业在现有的业务框架内，深入挖掘并利用产品和市场所蕴含的潜力，以实现持续增长。这一战略的实施通常涵盖三个主要方面：市场渗透、市场开发和产品开发。企业为了保持自己的竞争优势，就需要不断地提升自身实力。

（一）市场渗透战略

市场渗透战略是企业为了提升当前市场上已有产品或服务的销售收入而采取的一种市场营销策略。它旨在通过更精细的市场营销努力，进一步挖掘和利用市场的潜力。

1. 市场渗透战略的适用性

市场渗透战略可以根据企业的具体情况独立使用，或与其他战略相结合。以下几种情境特别适合采用市场渗透战略：

（1）当企业发现当前市场对其特定产品或服务的需求尚未达到饱和时。

（2）企业认为其现有客户对产品或服务的使用率有进一步提高的潜力。

（3）当整个行业的销售增长伴随着主要竞争对手市场份额的下滑时。

（4）企业的历史销售数据表明，销售额与营销费用之间存在高度的正相关关系。

（5）企业预期通过扩大规模可以获得显著的竞争优势提升。

2. 市场渗透战略的实施途径

市场渗透战略是企业在市场推广和销售增长方面的重要策略，其实施途径主要包括以下三个方面：

（1）积极开发潜在的顾客群体，通过各种促销活动刺激他们的购买欲望，从而扩大市场份额。

（2）通过提升产品质量、降低产品价格、提供更为周到的服务以及加大宣传力度，吸引竞争对手的客户，将他们转化为本企业的顾客。

（3）不断优化产品的品质，强化产品的竞争优势，确保现有客户群体的忠诚度和满意度，从而巩固并扩大固定客源。

（二）市场开发战略

市场开发战略是企业利用现有产品或服务，通过进入新的市场领域来实现增长的一种策略。这种战略的核心在于通过市场创新，用已知的产品作为竞争工具，开拓更广阔的市场空间。

1. 市场开发战略的适用性

市场开发战略主要适用于以下情况：

（1）当企业在当前市场已经取得显著的成功，并希望进一步扩大市场份额时。

（2）目标市场存在巨大的潜在购买力，但尚未被充分满足。

（3）企业具备足够的资金和人力资源，以支持新市场的开发和推广。

（4）企业的生产能力超过当前市场的需求，需要通过拓展新市场来消化过剩的生产力。

（5）企业拥有广泛而有效的销售渠道，便于在新市场进行快速布局和推广。

（6）企业所处的市场环境正在发生积极的变化，如市场扩张、政策利好等。

2．市场开发战略的实施

市场开发战略的实施主要通过以下两种途径：

（1）拓展新的细分市场。例如，像强生公司这样的企业，原本专注于婴儿洗发露市场，但随着市场变化和消费者需求的多样化，它们将产品拓展至成年人市场，通过精准的市场定位和营销策略，成功实现了市场的多元化和增长。

（2）在新的地区推广产品。这包括从地区市场向全国市场的扩张，或从城市市场向农村市场、从国内市场向国际市场的延伸。企业需要根据目标市场的特点，制订相应的推广策略，如调整产品定位、优化渠道布局、加强品牌宣传等，以确保产品在新市场中的成功推广和销售。

（三）产品开发战略

产品开发战略是企业通过改进、更新或创新现有产品或服务，以满足市场需求并促进销售增长的一种策略。这种战略侧重于通过产品创新和差异化来增强企业的市场竞争力。

1．产品开发战略的适用性

在以下情况下，企业应考虑采用产品开发战略：

（1）当企业拥有成熟且广受欢迎的产品时，可以通过新产品吸引原有顾客群体。

（2）企业所属行业为快速发展的高科技领域，需要不断推出新产品以保持技术领先。

（3）主要竞争对手以相似价格提供更高质量的产品时，企业需要通过产品改进来保持竞争力。

（4）企业所在的行业处于快速发展阶段，市场需求变化迅速，需要新产品来满足市场需求。

（5）企业具备强大的研发能力，能够支持新产品的开发和创新。

2．产品开发的主要途径

（1）提升产品质量：注重增加产品的耐用性、可靠性、性能等方面的功能特性，以满足消费者对产品质量的高要求。

（2）发展产品独特性：通过添加新的功能、特点或属性，使产品具有独特的竞争优势，如尺寸、材料、附件等，以满足不同消费者的个性化需求。

（3）改进产品式样：注重产品的美学设计，通过更新包装、外观设计等方式提升产品的吸引力，以吸引消费者的注意并激发购买欲望。

3．产品开发战略的原则

（1）市场导向：在产品开发过程中，要充分考虑市场需求和消费者偏好，确保产品能够满足目标市场的实际需求。

（2）技术驱动：企业应重视技术研发和创新，以技术为基础开发出具有竞争力的新产品，构建长期发展的技术基础。

（3）跨部门协作：产品开发需要多个部门的协作和配合，企业应强调部门之间的沟通与协作，共同推动产品开发的顺利进行。

（4）对比竞争对手：在制订产品开发战略时，要对竞争对手的产品进行深入研究和分析，以便更好地定位自己的产品并制订相应的竞争策略。

产品开发和市场开发是企业加强型发展战略的两大支柱。通过不断推出新产品或改进现有产品，企业可以应对市场的变化，满足消费者的多样化需求，从而保持企业的持续成长。同时，产品开发和市场开发往往是相互关联的，二者需要同步或相继进行，才能发挥最大的作用。因此，企业应综合考虑产品开发和市场开发的关系，制订科学合理的战略规划，以实现企业的长期发展目标。

第二节　企业一体化战略探讨

一、一体化战略的分类

一体化战略，作为一种企业整合策略，旨在通过充分利用自身的产品、技术和市场优势，沿着产业链或同行业进行深度和广度的拓展。企业实施一体化战略，旨在将密切相关的经营活动纳入统一的运营体系中，通过整合优化资源配置，获取市场竞争优势。通常，一体化战略可被细分为纵向一体化战略和横向一体化战略。

（一）纵向一体化战略

纵向一体化战略，指的是企业沿着产业链向上游或下游进行业务延伸的策略。它包含后向一体化和前向一体化两种主要形式。后向一体化侧重于企业通过资产或契约方式，将其业务范围扩展至产业链的上游环节，即自行生产原材料或零部件。而前向一体化则聚焦于向产业链的下游延伸，如对产品进行深加工或进入流通领域，增强销售与分销能力。特许经营是前向一体化战略的一种有效实施方式。

此外，根据纵向一体化的程度，还可进一步细分为完全一体化战略和锥形一体化战略。完全一体化战略意味着企业在整个生产流程中掌控所有必要的投入，并自行处理所有产出。而锥形一体化战略则是一种折中方式，企业既自行生产部分投入品，也向外部供应商采购剩余部分；同时，它既通过自己的渠道销售部分产品，也依赖独立的销售商销售剩余产品。

（二）横向一体化战略

横向一体化战略，侧重于企业在同一经营领域内与同行业企业或单位进行整合。它主要涉及将生产类似产品的企业置于同一所有权控制之下，通过兼并或联合同行业竞争者，实现生产规模的扩大。这一战略的主要目标是增强企业的综合实力和竞争力，以适应日益激烈的市场竞争环境。

二、纵向一体化战略的优劣势剖析

（一）纵向一体化战略的优势

1. 经济效益与成本优化的双重提升

通过实施纵向一体化战略，企业能够显著减少经营成本并提升经济效益。这种效益的提升主要得益于以下几个方面：

（1）运营整合带来的成本优势。企业选择纵向一体化，其关键驱动力之一是技术整合。将上下游生产流程置于同一管理体系下，可以实现技术的共享和互补，进而大幅降低生产成本。

（2）增强内部管控与协调性。随着企业将价值链上的多个环节纵向整合，内部管理与协调变得更为顺畅。这不仅改善了生产作业的计划性，还提高了整体运营效率。

（3）交易成本的大幅缩减。纵向一体化使企业能够减少在外部市场中寻找合作伙伴、签订合同、监督合同履行等过程所产生的费用，从而大幅降低交易成本。

（4）进军高利润行业。如果企业当前的供应商或下游行业具有高盈利性，通过纵向一体化，企业能够直接涉足这些行业，提高整体投资回报率，并凭借更低的成本制订更具竞争力的价格策略。

2. 增强品牌特色与市场区分度

通过纵向一体化战略，企业能够深度整合价值链上的多个阶段，并在管理层的直接控制下，提供一系列独特的附加价值，从而显著增强企业产品的差异化能力。尤其是在生产技术复杂度较高的领域，拥有自身完善的销售网络变得尤为关键，这不仅确保了售后服务的标准化和高效性，更增强了品牌在市场上的辨识度和信赖度。

此外，纵向一体化战略还为企业带来了技术创新的机遇。通过深入参与上下游的经营活动，企业能够更直接地获取关于技术、市场需求等方面的关键信息，这些信息的获取对于推动基础经营技术的创新与发展至关重要。这种技术的开拓和积累，进一步巩固了企业在市场中的差异化地位，使其产品或服务在竞争中脱颖而出。

3. 强化生产经营的稳健性

企业在追求生产经营的稳健性时，纵向一体化战略提供了以下三个关键优势：

（1）稳定供需链：通过纵向一体化，企业能够确保在产品供应短缺时拥有稳定的原料来源，同时在市场需求下降时也能保持顺畅的销售渠道。这种策略大大降低了企业交易中的不确定性，增强了生产经营的稳健性。

（2）削弱谈判压力：纵向一体化不仅削弱了供应商或客户的议价能力，降低了采购成本或提高了销售价格，还通过减少谈判次数和简化谈判流程，进一步提升了企业的经济效益。

（3）促进专业化投资：专用资产是企业竞争优势的重要组成部分。纵向一体化战略鼓励企业投资于专用设备和高度专业化的技术知识，从而开发出品质卓越、难以复制的产品，进一步巩固了企业的市场地位。

4. 提升行业进入门槛

实施纵向一体化战略的企业能够牢牢掌控关键的资源和销售渠道，从而有效阻止新竞争者的加入。这不仅维护了企业原有的市场份额，还为企业开拓新的业务领域提供了有力保障。通过提高行业进入门槛，企业能够限制竞争，获得更大的定价权，进而实现更高的利润。

（二）纵向一体化战略的劣势

1. 风险集中与固定成本上升

实施纵向一体化战略会促使企业在行业中进行更多的投资，这通常意味着更高的固定成本投入，增加了退出行业的壁垒，因此，企业在面临行业波动或新技术变革时，可能会面临更大的商业风险，并且对新技术的采纳速度可能会受到影响。

2. 成本结构的潜在增加

纵向一体化战略可能导致企业过度依赖内部生产而非外部供应源，这可能会增加企业的成本，尤其是在内部生产无法与外部供应商提供的成本效益相匹敌时，企业可能会失去原有的成本优势。

3. 生产能力平衡的挑战

纵向一体化战略要求企业在价值链的多个阶段进行生产，而这些阶段的最优生产规模可能各不相同，这给企业带来了在价值链各环节之间平衡生产能力的挑战。

4. 管理复杂性的提升

随着纵向一体化战略的实施，企业管理的层次和幅度都会显著增加，各项职能也会变得更加复杂，这对企业的管理能力提出了更高的要求，管理难度也随之增加。

5. 经营灵活性的下降

实施后向一体化战略进入零配件生产可能会降低企业的生产灵活性，特别是在需要频繁更改产品设计或模具以满足市场需求变化的情况下，这可能会增加企业的运营负担，降低其快速响应市场变化的能力。

6. 资金需求的增加

纵向一体化战略通常需要企业在自制零部件或原材料上进行更多的投资，这会导致企业资金需求的显著增加，特别是在储备资金和材料资金方面，可能会对企业的现金流和财务健康造成压力。

（三）官僚主义成本与锥形一体化的考量

官僚主义成本是指在大规模、复杂组织架构中，由于管理效率低下而导致的额外成本。虽然纵向一体化战略能够为企业带来诸多价值，但也可能因内部供应商缺乏灵活性、环节间管理难度加大和投资风险提升，而引发显著的官僚主义成本。这些成本可能会削弱纵向一体化提升盈利能力的效果。只有当其增加盈利的潜力未被组织因合并上下游活动而扩张所产生的官僚主义成本所抵消时，纵向一体化才具有实际意义。

随着时间的推移，纵向一体化带来的效益可能会逐渐递减。一旦其创造的经济价值低于因企业范围扩张和进入新活动而增加的官僚主义成本时，纵向一体化的盈利能力便达到了临界点。

锥形一体化作为一种策略，能够激发内部供应商降低运营成本的动力，并提升企业对市场变化作出迅速反应的能力。这种策略有助于减少因组织效率低下而带来的官僚主义成本。通过实施锥形一体化，企业可以在一定程度上降低纵向一体化带来的官僚主义成本。

综上所述，纵向一体化战略是一把双刃剑，既有其独特的优势，也存在不可忽视的劣势。企业在选择是否采用这一战略以及具体的发展方向时，应综合

考虑以下因素:

（1）该战略是否能提升关键经营活动的业绩，如降低成本、加强产品差异化、稳定经营或提高进入壁垒。

（2）它对协调更多生产环节之间活动所需的投资成本、灵活性和反应时间以及管理费用的影响。

（3）它是否能为企业带来持续的竞争优势，为企业的长远发展奠定坚实基础。

纵向一体化战略的核心在于明确哪些核心能力和活动应该在企业内部进行，哪些可以通过外包来实现。只有当企业能够确立明确的竞争优势时，纵向一体化战略才值得深入考虑和实施。

（四）解束和外部寻源战略

进入 20 世纪 80 年代后期，纵向一体化战略在一些行业中开始显现其局限性，特别是在美国微机行业。随着微机硬件和软件的标准化，原先通过纵向一体化获得的竞争优势逐渐消失。例如，康柏公司等新兴微机公司通过仿制 IBM 的专利部件，成功绕过了市场进入障碍。

解束（或称垂直解束）战略是指企业从价值链的某些阶段中撤离，转而依赖外部供应商来提供所需的产品、支持服务或职能活动。这种战略的目的是减轻企业在多个价值链阶段进行经营运作的负担。

一般来说在下列情况下，可以对价值链中原来在企业内运作的部分进行外部寻源:

（1）效率与成本考虑：当某项活动由外部的专业厂商执行时，可能会更加高效或成本更低。

（2）非核心活动：如果某项活动对于企业的持久竞争优势并不具有关键意义，且可能削弱企业的核心能力，那么将其外包是一个合理的选择。

（3）降低风险：外部寻源可以减少企业对技术和市场变化的风险敞口。

（4）提高灵活性：外部寻源有助于简化企业运营，提高组织灵活性，缩短产品周期，加速决策过程，并降低协调成本。

（5）聚焦核心业务：通过外部寻源，企业可以更加专注于其核心业务，从而增强竞争力。为了抓住纵向一体化的优势并避免其劣势，企业可以与关键的供应商或中间商建立紧密的长期合作伙伴关系。这种关系有助于充分利用和挖掘合作方的强大能力，从而实现互利共赢。

随着市场环境的变化，纵向一体化战略的优势和劣势也在不断演变。在某些情况下，解束和外部寻源策略可能更为合适，有助于企业减轻负担、提高效率、降低风险并专注于核心业务。通过与合作伙伴建立紧密的关系，企业可以充分利用外部资源，实现持续竞争优势。

三、横向一体化战略的新解读

横向一体化战略，又称为水平一体化战略，其核心思想是通过兼并或联合生产相似产品的企业，将它们置于同一所有权控制之下，从而扩大生产规模、降低成本，并进一步增强企业的竞争实力。这种战略实质上是在同一产业和部门内实现资本的集中。

在当今企业战略管理领域，横向一体化已成为推动公司发展的重要战略之一。企业可以通过多种形式实现这一战略，如签订契约式联合协议、合并同行业企业等。这种战略选择通常发生在企业面临激烈市场竞争的背景下，通过合并、收购或接管竞争对手，企业能够提高规模经济效益，促进资源与能力的流动。

以下是企业可能选择横向一体化战略的几种情境：

（1）寻求地区或市场垄断：企业希望在某一地区或市场中减少竞争，通过横向一体化提高市场份额，增加进入市场的难度，进而实现一定程度的垄断。

（2）应对行业成长：当企业处于一个正在成长的行业中，并且认为合并竞争者有助于扩大规模经济效益、巩固市场地位时，横向一体化战略是一个合适的选择。但需要注意的是，当行业不景气导致竞争者经营不善时，横向一体化可能并非最佳选择。

（3）追求规模经济效益：企业希望通过扩大生产规模来降低成本、提高生产效率，从而增强竞争优势。在这种情况下，横向一体化战略能够帮助企业实现这一目标。

（4）利用资本和人力资源优势：当企业拥有充足的资本和人力资源，而竞争者由于管理不善或资源匮乏而停滞不前时，横向一体化战略能够帮助企业迅速扩大市场份额，提高竞争力。

（5）获取特殊资源：在某些情况下，企业需要从特定的购买对象那里获得某种特殊的资源或技术。通过横向一体化战略，企业可以直接控制这些资源的来源，确保自身在竞争中的优势地位。

（一）横向一体化的益处

1. 规模经济的实现

横向一体化通过收购同类企业，尤其是在规模经济效应显著的行业中，能够迅速扩大生产规模，显著降低生产成本，从而在市场上获得竞争优势。此外，收购还能为企业带来专利、品牌、销售网络等宝贵的无形资产。

2．竞争对手的减少

横向一体化实质上是一种通过收购竞争对手来实现增长的战略。这种策略有助于减少行业内竞争者的数量，降低竞争程度，为企业创造一个更加有利的市场环境，促进其持续发展。

3．生产能力扩张的便捷性

横向一体化是企业实现生产能力扩张的一种高效方式。由于它并未偏离企业的核心业务和核心技术，因此管理上的挑战相对较小。这种扩张方式主要基于两个企业现有能力的重新组合，风险较低。

（二）横向一体化的挑战

1．管理整合的复杂性

收购一家企业往往涉及母子公司之间的管理协调问题。由于双方在历史背景、人员构成、业务风格、企业文化和管理体制等方面存在差异，实现有效的管理整合是一项艰巨的任务。

2．政府法规的制约

横向一体化可能导致合并后的企业在行业中形成垄断地位，这对消费者和行业的整体发展不利。因此，政府通常通过反托拉斯法等法规来限制此类合并。在美国，司法部反托拉斯局在评估合并的合法性时，会考虑多个因素，如行业集中程度、合并后的竞争优势、进入壁垒、行业合并趋势、被合并企业的经济实力、产品需求增长情况以及合并可能引发的连锁反应等。

第三节　多元化发展战略研究

一、多元化战略的分类与内涵

多元化战略，是企业顶层规划中的重要一环，它涉及企业涉足不同行业、不同市场的业务组合与发展规划。这种战略的核心在于跨行业经营，旨在通过资源的合理分配和业务的多元化布局，实现企业的持续增长和竞争优势。当企业具备额外的资源、能力和核心竞争力，并具备在多个领域投入的条件时，多元化战略便成为了一个值得考虑的选项。

（一）相关多元化战略

相关多元化战略是企业在保持与现有业务相关的前提下，有意识地扩展业务范围的一种策略。它侧重于增加与原有业务在技术、市场、经验、特长等方面相互关联的新产品或服务。例如，冰箱和空调虽然用途不同，但它们在制冷技术上的紧密联系，使得它们成为相关多元化战略下的理想产品组合。

1．相关多元化的益处

相关多元化战略为企业带来了多方面的优势。首先，它通过实现范围经济，降低了经营成本。这种范围经济来源于技术的共享、供应商议价的增强、生产的联合、销售的协同等多个方面。其次，相关多元化战略还能增强企业的市场力量。当企业在多个相互关联的领域内经营时，其市场控制力和影响力会相应增强，为企业创造更大的竞争优势。

例如，索尼公司利用其在消费电器领域的技术优势，成功进入了电子游戏行业，实现了技术的相关多元化。同样，强生公司通过多元化的产品组合，涵盖了婴儿产品、医疗药物、手术用品等多个领域，形成了强大的市场竞争力。

2．实施相关多元化战略需谨慎

虽然相关多元化战略具有诸多优势，但企业在实施时也需要注意一些问题。首先，要确保能够将技术、生产能力和核心竞争力从一种业务有效地转移到另一种业务。其次，要关注不同业务之间关联活动的合并与协同，以实现资源的最大化利用。此外，还需要充分利用公司品牌的信誉、销售队伍等资源，为新业务的发展提供有力支持。

然而，即使满足了上述条件，企业在实施相关多元化战略时仍需谨慎。因为随着业务范围的扩大和管理的复杂化，官僚主义成本可能会增加，从而削弱多元化战略所带来的优势。因此，企业需要在扩张与管理之间找到平衡点，确保多元化战略的有效实施。

（二）非相关多元化战略

非相关多元化战略指的是企业选择进入与其现有业务、技术、市场毫无关联的全新行业，通过收购、兼并或直接投资等方式，将业务领域扩展到完全不同的领域。美国通用电气公司就是一个典型的例子，其业务范围横跨了从飞机发动机到金融服务、医疗技术等多个互不相关的行业。

1．非相关多元化战略的优势

尽管相关多元化战略有其独特的优势，但许多企业仍选择非相关多元化战略，主要基于以下几点考量：

（1）风险分散：通过将投资分散到多个不同行业，企业可以降低经营风险。这些行业通常具有不同的技术、竞争力量、市场特征和消费群体，因此某一行业的波动不会对整体业务产生过大影响。

（2）财务资源优化：企业可以将资金投入到具有最佳利润前景的行业中，

从而实现财务资源的最大化利用。

（3）盈利稳定性：非相关多元化有助于平衡不同业务周期的波动，使得企业的盈利更加稳定。

（4）增加股东价值：当企业能够发现并收购价值被低估的公司时，可以为股东创造额外的价值。

2. 非相关多元化战略的适用性

非相关多元化战略适用于以下情况：

（1）企业当前所在行业吸引力下降，销售额和利润下滑。

（2）企业缺乏进入相邻产业的能力或资源。

（3）企业拥有进入新产业所需的资金、人才和其他资源。

（4）企业有机会通过收购或投资进入具有良好发展前景的产业。

3. 非相关多元化战略的实现方式

企业可以通过并购、组建子公司或直接投资等方式实现非相关多元化战略。在进行并购时，企业应充分考虑目标业务的盈利能力、投资回报率、是否需要额外资金投入、行业增长潜力、整合难度以及政策合规性等因素。

从财务收益角度看，以下三种情况是非相关多元化战略的最佳选择：

（1）收购资产被低估的公司，通过资产重组或再次出售实现盈利。

（2）投资财务困难但有潜力的公司，通过提供资金和管理支持帮助其恢复并创造价值。

（3）投资增长前景良好但缺乏投资资本的公司，共同分享其成长带来的收益。

4. 非相关多元化战略的弱点

（1）管理挑战：随着企业涉足的领域增多，管理难度也随之增加。企业需要具备高超的管理能力和洞察力，以应对不同行业带来的挑战，确保各业务单元的有效运营。

（2）缺乏战略协同效应：由于非相关多元化战略下的业务单元之间缺乏战略关联，因此难以实现范围经济和市场力量的协同效应。这可能导致整体业务效益低于各业务单元单独经营时的效益之和。同时，如果企业高层管理者干预不当或政策失误，可能进一步加剧业务单元的运营困难。

二、多元化战略的动机

企业实施多元化战略的动机是复杂而多样的，旨在通过业务组合来增强企业的战略竞争优势，并提升整体价值。以下是企业实行多元化战略的主要动机：

（一）外在动因

1．产品需求停滞

当企业所在的行业处于零增长或缓慢增长阶段，或企业的主打产品进入生命周期的衰退期时，企业为了寻求新的增长点，会倾向于实施多元化战略，以开拓新的产品或市场。

2．市场集中程度高

市场集中程度反映了行业内几家主要企业所占的市场份额。当市场集中程度高时，企业为了获取更高的增长率和收益率，不得不考虑通过开发新产品、开拓新市场来实现多元化经营。因为此时，通过降价、增加广告费用等传统手段提高增长率的成本较高且风险大。

3．需求的不确定性

在市场需求不稳定、产品或服务面临极大风险的情况下，企业为了分散风险，会倾向于开发新产品或从事多种经营。尤其是当新产品的波动周期能与原有产品或市场的波动周期互补时，企业更有可能选择多元化战略来稳定收益和增长。

总结来说，企业实行多元化战略的动机主要源于外部环境的变化，如产品需求的停滞、市场集中程度高和需求的不确定性。这些因素促使企业寻求新的增长点、提高市场占有率和分散经营风险，从而选择多元化战略作为应对策略。

（二）企业实施多元化发展的内在动因

1．目标达成调整

企业设定增长率和收益率目标，如果实际业绩未达到预期，可能会通过多元化经营来弥补这一差距，以实现既定目标。目标差距越大，企业进行多元化的可能性越高。

2．规模经济的实现

通过多元化，企业可以扩大规模，利用特殊设备、技术、营销服务和信息网络等资源，实现低成本运作，提高资源使用效率，从而获得规模经济的效益。

3．范围经济的获取

企业通过多元化，可以共享通用设备、技术、营销服务和信息网络等资源，减少间接费用，实现范围经济，降低单位成本。

4．管理思想与技能的共享

普雷哈拉德和理查德·贝蒂斯认为，即使在不相关的业务中，管理思想和技能的共享也能实现范围经济。企业可以通过业务组合，实现管理资源的优化分配，产生协同效应。

5. 内部资源的充分利用

企业通过多元化战略，可以更有效地利用其在日常运营中积累的资金、生产资料等资源，提高资源利用效率。

6. 竞争力的转移与增强

企业可以通过多元化战略，将现有竞争力转移到新的业务领域，或通过并购具有竞争力的企业，提升整体盈利能力和市场适应性。

7. 企业重建与价值创造

企业可能会购入效率低下或经营不善的公司，通过管理层重组、资产处理和生产流程改善，实现企业重建和价值创造。

8. 协同效应的发挥

多元化战略可以促进不同业务之间的协同，无论是在管理、市场营销、生产技术还是核心技术方面，都能实现资源共享，提高整体效率。

9. 内部市场与人力资源的优化

成功的多元化战略需要考虑市场和技术的共性、新业务的市场阶段、多元化需求的时间性因素以及企业内部协调等多方面因素，以实现内部资本和人力资源的最优配置。

三、多元化经营的必要条件

企业在考虑实施多元化战略时，除了拥有多元化的动机外，还需满足一系列必要条件以确保其成功实施。

（1）充足的资源储备：多元化战略的实施需要企业具备足够的资源，包括有形资源和无形资源。有形资源如厂房、设备、销售队伍等，需要能够支持新业务的发展。无形资源如品牌、专利、管理经验等，则能为企业在新领域提供竞争优势。资源的有效配置和组合是企业成功实施多元化战略的基础。

（2）资本市场和管理人才的支持：资本市场为企业的多元化经营提供资金支持，而合格的管理人才则是确保新业务顺利运作的关键。特别是在通过并购实现多元化时，更需要资本市场的支持以及具备丰富经验和专业能力的管理团队来引领和整合新业务。

（3）科学的决策体系：企业应建立一套科学的多元化投资决策管理体系和程序，以确保决策的科学性和合理性。这包括对企业内外部环境进行深入分析，评估多元化战略与企业战略目标的契合度，以及制订详细的实施计划和风险应对措施。

（4）有效的实施和执行：多元化战略的成功实施不仅在于决策的科学性，

更在于执行的有效性。企业需要在实施过程中密切关注各项业务的协同作用，及时发现并解决可能出现的问题，确保多元化战略能够顺利实现预期目标。

综上所述，企业成功实施多元化战略需要满足多方面的条件，包括资源储备、资本市场和管理人才的支持、科学的决策体系以及有效的实施和执行。这些条件的满足程度将直接影响多元化战略的实施效果。

四、理论和实践上对多元化战略的认识

（一）多元化经营与企业业绩的理论探讨

多元化经营是组织战略中一个广泛研究的话题。企业通过建立统一的经营体系和资源共享，可以实施多元化战略。然而，这种战略的优势是有限的，因为管理成本较高且过程复杂。尽管多元化可能增加盈利，但必须在一定范围内进行控制。

在国际市场上，地区性多元化有助于提高盈利能力，但当复杂性超过一定阈值时，这种盈利性可能会消失。

（二）多元化经营的实践历程

20世纪50年代，美国500强公司中只有少数公司通过多元化业务实现了较高比例的收入。到了70年代，这一比例显著上升。然而，进入80年代中期，许多企业开始重新聚焦核心业务，剥离非核心部门。

到了80年代末，500强公司中专注于单一或主导业务的公司比例再次上升。欧洲的发达国家，如英国、德国、意大利和法国，也经历了从多元化到回归核心业务的趋势。

1981年，《寻求优势》一书强调，企业在探索新市场时，不应轻易放弃其核心业务领域，因为这是企业的优势所在。企业应在强化核心业务和建立核心竞争力的基础上，谨慎地开展多元化战略。

第四节　收缩型战略研究

一、收缩型战略的概念及其核心特征

当企业面临资源有限性、环境挑战或行业衰退等困境时，可能需要采取一

种调整策略来优化资源配置，此时，收缩型战略便应运而生。收缩型战略，本质上是一种旨在缩减企业当前经营领域和业务规模的策略，它标志着企业在战略起点上进行较大的调整与撤退。与那些追求稳定和增长的战略相比，收缩型战略往往被视为一种更为消极或防御性的策略选择。

然而，这种"消极"并不意味着企业放弃了长期的发展目标，相反，它往往是企业为了应对当前困境、积累力量以图未来反弹而采取的一种策略。收缩型战略的核心特征体现在以下几个方面：

（1）对现有业务进行精简：企业会对其当前的产品线进行缩减，可能包括减少生产规模、裁撤部分产品或完全退出某个市场。这种策略有助于企业集中资源，优化核心业务的运营。

（2）严格控制资源投入与成本削减：在实施收缩型战略时，企业会对资源的使用进行更为严格的控制，并努力削减不必要的费用支出。这通常意味着企业会削减非核心业务上的投入，只保留最基本的经营管理资源，以确保核心业务的稳定运营。

（3）短期性与过渡性：收缩型战略是一种短期且过渡性的策略。企业采取这种策略并不是为了长期削减开支或停滞不前，而是为了在调整期间积累力量，为未来的转型或增长做好准备。一旦企业成功渡过难关，往往会转向其他更为积极的发展战略。

二、收缩型战略的类型

收缩型战略根据其执行方式和程度的不同，可以划分为三种主要类型：抽资转向、放弃和清算。以下是对这些战略的另一种表述：

（一）抽资转向战略

这种战略适用于企业在现有业务领域无法保持原有规模和市场地位，或在面临新的更好的发展机会时，需要压缩现有业务投资、控制成本以改善现金流，为其他领域提供资金。在成本上升或需求下降导致财务困难时，企业也可能采取这种战略。实施抽资转向战略可能涉及的措施包括：

（1）调整组织结构，以适应变化的环境。

（2）降低成本和投资支出，包括日常开支、预算管理和长期投资项目的削减。

（3）减少资产，如出售固定资产、关闭工厂或生产线，或出售盈利产品以获取资金。

（4）着重回收资金，如缩短应收账款回收期和降低库存。

（二）放弃战略

当抽资转向战略未能奏效时，企业可能会考虑放弃战略，即出售或停止一个或多个主要部门的运营。这可能包括一个经营单位、生产线或事业部。实施放弃战略可能遇到的阻力包括：

（1）企业结构上的阻力，如专业生产设备的难以转让和企业技术特征的限制。

（2）公司整体战略上的阻力，特别是当准备放弃的业务与其他业务紧密相关时。

（3）管理层的阻力，管理层可能对放弃战略持反对意见。

（三）清算战略

清算战略是指出售企业资产或停止整个企业的运营，从而结束企业的存在。这通常不是首选战略，只有在所有其他战略都失败时才会考虑。然而，在没有其他选择的情况下，及时制订清算战略可以帮助企业有序地降低市场价值，回收尽可能多的资产，减少股东损失。在特定情况下，清算战略是一种明智的选择。

这些战略的实施需要企业管理层具有清晰的战略管理理念，明确企业发展的重点，并在必要时做出果断的决策。

三、收缩型战略的利弊分析

收缩型战略，作为企业应对策略的一种，同样具有其独特的优点和潜在的弊端。

（一）优点

（1）节约费用与应对困境：在市场不景气或外部环境不利时，收缩型战略能够帮助企业减少不必要的开支，从而顺利度过经济低谷。

（2）降低损失：当企业经营状况不佳时，通过收缩业务规模，可以最大限度地减少经济损失，避免在衰退的业务中继续投入资源。

（3）优化资源配置：收缩型战略有助于企业将资源重新分配到更具潜力和收益的领域，实现资产的最优组合。

（二）弊端

（1）难以把握尺度：若过度实施收缩战略，可能会误杀具有潜力的业务和市场，进而损害企业的整体利益。

（2）员工情绪影响：收缩战略通常伴随着裁员和减薪，这可能导致员工情绪低落，甚至引发内部不满和抵制。

（3）管理层的挑战：在某些管理人员看来，实施收缩战略可能意味着工作的失败，因此可能面临管理层的阻力。

四、收缩型战略的适用性

根据企业的不同动机，收缩型战略可分为适应型、失败型和调整型三种。

（1）适应型收缩战略：当企业面临经济衰退、产业衰退或产品需求减少等外部环境变化时，为适应这些不利条件，可采取此战略。它适用于那些预测或已感知到外部环境对企业经营产生不利影响，且认为稳定型战略不足以应对的情况。

（2）失败型收缩战略：当企业经营失误，导致竞争地位下降、经营状况恶化时，该战略旨在最大限度地减少损失并保存实力。它适用于出现如产品滞销、财务状况恶化等严重内部问题的企业。

（3）调整型收缩战略：此战略并非由经济衰退或经营失误所驱动，而是为了寻求更好的发展机会，优化资源配置。它适用于那些发现存在更高回报的资源配置点的企业，通过比较当前业务单位与收缩后资源投入的业务单位的回报差距，来决定是否采用此战略。

第五节　企业总体战略选择

一、战略选择的核心原则

在竞争激烈的市场环境中，企业选择适合自身的发展战略至关重要。以下是战略选择时需遵循的几个核心原则：

（一）战略与企业愿景的协同性

（1）总体战略与公司愿景的一致性：企业制订总体战略时，必须确保其与企业的使命、愿景和目标高度一致。这意味着战略的选择应基于企业的长远规划，确保战略目标的实现能够推动企业向既定方向前进。

（2）内部职能战略的协同性：为了实现企业的整体目标，各职能部门之间的战略必须相互协同。这意味着在战略实施过程中，各部门应共同合作，避免冲突和争执，以实现共赢的局面。

（二）战略的合理性与可行性

（1）长远发展的考量：企业在制订战略时，应充分考虑未来的发展需求，确保战略能够支持企业在未来较长一段时间内的持续成长。

（2）外部环境的适应性：战略的选择必须与企业所处的外部环境相适应。这包括考虑顾客需求、竞争对手反应、供应商支持和政府及监管机构的态度。企业应对这些因素进行充分评估，以确保战略的有效实施。

（3）内部资源的协调性与可行性：在制订战略时，企业应评估自身是否具备实施该战略所需的资源、技能、技术和组织优势。如果缺乏必要的资源，企业应考虑通过合作或联合发展等方式来弥补不足。

（4）战略的弹性：由于市场环境的不确定性，企业在制订战略时应保持一定的弹性。这意味着战略应能够应对环境的变化，并允许在必要时进行调整和修正。

（三）战略的可接受性

准备实施的战略必须得到企业主要利益相关者的支持。这些利益相关者包括股东、员工、客户、供应商等。企业应积极与利益相关者沟通，解释战略的重要性和意义，争取他们的理解和支持。同时，企业也应关注利益相关者的利益诉求，确保战略的实施不会损害他们的利益。

总之，企业在选择战略时应充分考虑以上原则，确保战略与企业愿景的协同性、合理性与可行性以及可接受性。这将有助于企业在市场竞争中取得优势地位并实现长期发展。

（四）强化竞争力

在战略选择中，竞争力是一个至关重要的考量因素。一个成功的战略应该能够充分利用企业的比较优势，加强业务或整个组织的竞争力，并在市场上取得更高的地位。这种竞争力通常来源于资源、技能和位置的优越性。企业需要通过合理配置资源，提高整体运营效率，并利用其独特的技能和能力来创造和保持竞争优势。此外，行业中占据优势地位的企业通常能够利用特定的经营策略来获得优势，而其他企业则无法复制这种优势。因此，在评估战略时，企业需要关注与之相关的优势特征，确保所选择的战略能够增强企业的竞争力。

（五）风险管理

风险管理是战略评估中不可忽视的一部分。由于市场环境的不确定性和变化性，企业所制订的战略面临着一定的风险。因此，对战略的风险性进行评估至关重要。这包括识别潜在的风险因素、分析这些风险对企业的影响程度以及制订应对措施。

财务风险分析是风险管理的重要方面。企业可以采用多种方法对战略选择中的财务风险进行分析，如现金流分析、收支平衡分析、公司借款要求、资金比率分析等。这些方法有助于企业了解战略实施对现金流、销售量、资金需求等方面的影响，并据此制订相应的财务策略。

此外，敏感性分析也是风险管理的重要工具。它通过对不同因素（如经济增长、定价、货币波动、原材料价格等）的敏感性进行评估，帮助企业识别关键的风险因素，并制订相应的应对措施。在战略实施过程中，企业需要对这些关键因素进行持续监控，并根据实际情况进行调整和优化，以确保战略的成功实施。

总之，在战略选择过程中，企业需要充分考虑竞争力和风险管理两个方面的因素。通过强化竞争力和有效管理风险，企业可以制订更加合理、可行的战略，并在市场上取得更大的成功。

二、行为因素对企业战略选择的影响

企业在制订战略时，必须全面考虑各种行为因素，以确保战略的有效性和实施的成功。以下是对这些行为因素影响的重新阐述：

（一）历史战略的延续性

企业在制订新战略时，通常会回顾并审视过去的战略实践。因为历史战略中成功的经验或教训对新战略的制订具有参考价值。过去执行时间长且效果良好的战略，往往对新战略的选择产生较大影响，甚至可能难以被其他战略所替代。

（二）外部环境的依赖性

企业对外部环境的依赖程度反映了其发展的独立性和稳定性。这种依赖主要体现在政府和社会两个方面。政府政策是影响企业战略的重要因素，企业需充分考虑政策走向及其对自身发展的潜在影响。同时，企业还需承担社会责任，如保护环境、促进社会稳定等，这些因素也需纳入战略考量的范围。

（三）管理风格的导向性

管理风格与企业结构和管理者对风险的态度密切相关，直接影响战略实施的效果。如果管理者倾向于开放的风险态度，则管理风格可能较为宽松，给予员工较大的发挥空间；若管理者对风险持谨慎态度，则管理可能更为严格，但能有效降低企业风险。此外，企业的组织结构也会影响战略的执行，扁平结构有利于快速响应风险，而垂直结构则更侧重于严密管理。

（四）利益相关者的压力

企业的股东、债权人、员工、顾客和供应商等利益相关者，其利益诉求与企业的经营密切相关。由于各方利益出发点不同，他们对企业的压力也会对企业的战略选择产生影响。在制订战略时，企业需要平衡各方利益，确保战略的可行性和可接受性。

（五）竞争对手的回应

竞争是市场经济的核心特征，也是推动企业发展的重要动力。在制订战略时，企业需充分考虑竞争对手的可能反应。准确预测竞争对手的反击能力及其对战略实施的影响，是企业制订有效战略的关键。同时，企业应以积极态度面对竞争，通过提升竞争力来应对挑战。

（六）时间因素的制约性

时间因素在企业战略制订中起到关键作用。这主要体现在战略决策时间、战略执行时间和战略影响期限等方面。企业需要在有限的时间内做出明智的战略选择，并确保在最佳时机执行战略。同时，战略的立足点需考虑短期与长期的平衡，以确保企业的持续发展。

三、战略选择矩阵解析

（一）战略选择矩阵的构成

战略选择矩阵的基本思路是结合企业自身优势、劣势和企业内、外部资源，通过克服企业的劣势或增加优势，从而达到企业内外发展的协调。战略选择矩阵由两个变量组成，即公司战略的基本目标和企业活动发展的资源来源。其中包括四项因素：克服弱势、增加强势、利用内部资源和利用外部资源。矩阵模式见图 4-1。

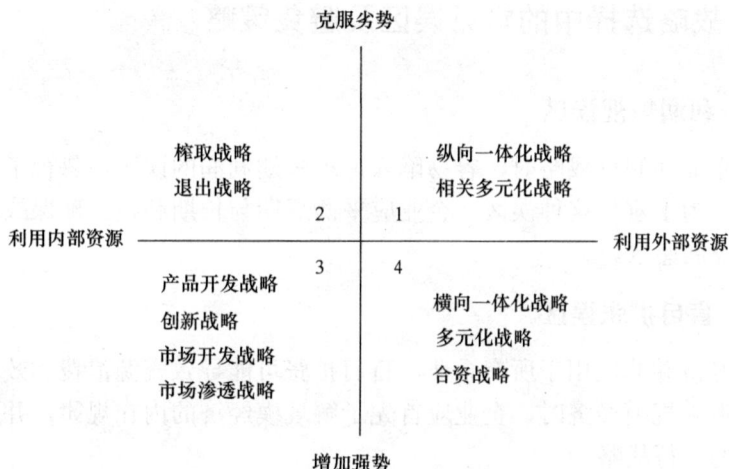

图 4-1 矩阵模式

1. 战略目标的根本依据

企业的战略目标选择应基于其经营宗旨和资源的可获取性，目的在于最大化优势并最小化劣势。

2. 资源来源的考量

企业发展资源既可以来自内部资源的重新配置，也可以通过外部合作（如兼并、联合等）获得。外部资源虽能带来时间优势，但也可能引入管理、结构和文化上的挑战。

（二）矩阵模型的具体分析

（1）区域1（高风险低机会）：企业在此区域可能需要通过外部资源来克服其内部的劣势，例如实施纵向一体化或相关多元化战略。

（2）区域2（保守策略）：在面临内部劣势时，企业可能选择更保守的策略，如内部资源转移来增强已有优势，或在必要时采取退出策略。

（3）区域3（强化优势）：当企业具有明显优势时，可以通过内部资源增强这些优势，例如通过集中战略、市场及产品开发战略和创新战略来扩大市场份额和盈利能力。

（4）区域4（积极扩张）：在拥有丰富资源和良好机遇的情况下，企业可能会选择横向一体化战略来积极扩大业务范围。

企业需根据内外部环境的变化，适时调整其战略定位。

四、战略选择中的常见误区及避免策略

（一）利润短视误区

许多企业在制订战略时，容易陷入追求短期利润的误区，忽视了长期目标的重要性。为了避免这种误区，企业应平衡短期与长期利益，确保战略选择符合其长期发展愿景。

（二）盲目扩张误区

规模经济并非适用于所有企业，盲目扩张可能导致资源浪费和效率下降。因此，在追求规模经济时，企业应首先了解规模经济的内在规律，并寻找符合自身条件的可行战略。

（三）多元化经营误区

虽然多元化经营可以在一定程度上分散风险，但也可能带来更大的挑战和风险。因此，在选择多元化战略时，企业应客观分析内外部环境，确保多元化经营能够为企业带来真正的价值。

第五章 现代企业国际化战略研究

第一节 现代企业国际化战略概述

一、企业国际化含义

企业国际化不仅仅是一个简单的战略行为，它代表着企业跨越国家界限，开展全方位的经营活动。传统的观点中，中国企业的国际化往往被简化为产品出口或加工出口，这种理解在一定程度上反映了中国企业在特定发展阶段的实际情况。然而，随着中国加入世界贸易组织，以及全球市场的日益开放和融合，我们需要对企业国际化有更为全面和深入的理解。

（一）企业国际化的多维度扩展

企业国际化并非仅限于产品出口这一单一维度。实际上，任何跨越国界的企业活动，如从国外获取原材料、资金、人才，以及在国外进行研发、营销、物流和售后服务等，都属于企业国际化的范畴。在全球经济一体化趋势愈发明显的背景下，中国企业应寻求在国际化经营上实现更多元化、更高层次的拓展，从简单的产品出口转向更高附加值的活动，如品牌营销、资本输入等。

（二）企业国际化水平的逐步提升

企业国际化的水平并非一成不变，而是随着企业实力和市场环境的变化而不断演进。从简单的出口加工到自主品牌营销，从产品出口到资本输入，从多国化到全球化，每一个阶段都代表着企业国际化水平的提升。在当前经济全球化的大背景下，中国企业需要不断提升自身的国际化水平，从低水平向高水平迈进，以更好地适应全球市场的竞争和挑战。

综上所述，企业国际化是一个复杂而多维度的过程，需要企业在多个方面进行全面考虑和布局。只有不断拓展国际化的维度和提升国际化的水平，企业才能在全球市场中获得更大的发展机遇和竞争优势。

二、企业国际化经营战略的背景与动因

随着全球经济一体化的深入发展，企业的国际化经营战略逐渐成为企业

发展的重要趋势。企业的国际化是指企业逐渐摆脱地域限制，以国际市场为导向，利用全球资源和管理能力，开展跨国界的生产经营活动，实现从国内经营到跨国经营的转变。

（一）企业自身发展的内在需求

在全球化背景下，企业面临着更加激烈的市场竞争。为了寻求更大的发展空间和竞争优势，企业必须不断拓展国际市场，实现资源的全球优化配置。企业国际化不仅可以帮助企业获取更多的资源和市场机会，还可以提高企业的管理水平和创新能力，增强企业的国际竞争力。

综上所述，企业国际化经营战略的背景是全球经济一体化的深入发展和企业追求更大发展空间的内在需求。企业国际化不仅是顺应世界经济发展潮流的必然选择，也是企业实现持续发展的重要途径。

（二）企业国际化与全球经济一体化的互动

企业国际化与全球经济一体化之间存在密切的相互关联。全球经济一体化为企业国际化提供了广阔的市场空间和丰富的资源，而企业的国际化经营又进一步推动了全球经济一体化的进程。这种相互促进的关系在现代社会中愈发显著，尤其是在科技快速发展、国际分工日益精细化的背景下。

（三）国家经济发展与企业国际化的相互促进

企业国际化是各国发展经济、增强实力的重要途径。随着全球经济的紧密联系，各国政府纷纷制订开放政策，鼓励企业参与国际竞争，寻求更广阔的发展空间。同时，企业国际化也为国家带来了更多的经济利益和全球影响力，提升了国家的整体竞争力。

三、企业实施跨国经营的多维度考量

企业选择跨国经营战略往往基于多方面的考量，这些考量因素涵盖了市场、资源、经济环境以及公司自身的战略规划等多个方面。

（一）市场拓展与先机把握

企业跨国经营的首要目的之一是拓展海外市场并把握市场先机。对于拥有创新产品或技术优势的企业来说，领先进入国际市场可以确保其在产品生命周期的早期阶段就建立起竞争优势。随着产品逐渐进入成熟阶段，企业可以通过海外直接投资设立生产基地，进一步扩大市场份额。

（二）劳动力成本优化

劳动力成本是企业经营成本的重要组成部分。为了降低生产成本并提高产品竞争力，企业往往会选择到劳动力成本相对较低的国家或地区进行生产。这种跨国经营模式有助于企业利用全球资源，实现成本优化和效率提升。

（三）自然资源获取与稳定供应

自然资源是企业生产的重要物质基础。为了获得稳定且成本效益较高的原材料供应，企业可能会选择跨国经营，在资源丰富的国家或地区设立生产基地或采购中心。这种跨国经营模式有助于企业确保原材料的稳定供应，降低生产成本，并提升市场竞争力。

（四）规避贸易壁垒与寻求更广阔市场

贸易壁垒是国际贸易中常见的问题，包括高额关税、低进口配额、进口管制等。为了规避这些贸易壁垒，企业可能会选择跨国经营，通过在目标市场设立生产基地或分支机构，以当地企业的身份参与市场竞争，降低关税和配额等贸易壁垒的影响。同时，跨国经营也有助于企业寻求更广阔的市场空间，实现市场多元化和全球化布局。

（五）全球战略一体化与多元化经营

对于大型跨国公司来说，跨国经营是实现全球战略一体化和多元化经营的重要手段。通过在全球各地设立生产基地、研发中心和销售网络，企业可以形成覆盖全球的产业链和价值链，实现资源、技术、市场等要素的全球优化配置。同时，通过购买他国企业的股份或进行并购等方式，企业可以扩展自己的经营领域和市场份额，形成更加多元化和综合性的业务结构。这种全球战略一体化和多元化经营有助于企业提高整体竞争力和抗风险能力。

第二节 现代企业国际化战略经营的选择

一、识别国际市场中的潜在商机

在国际市场中，企业寻找的不仅是利润的增长点，更是比竞争对手更能把握和满足市场需求的机会。经济环境中的任何未满足需求都可能孕育着潜在的商机，但这样的机会要转化为企业实际可利用的市场机会，需要企业具备特定的竞争优势。

（一）国际市场机会的分类

国际市场机会可以大致分为以下几类：

1．现有市场机会

这些机会存在于那些顾客需求已经可以通过现有产品得到满足的市场中。评估这些机会时，需要综合考虑市场规模和竞争条件。市场规模可以通过目标国家的人口、人均国民收入以及产品消费率来预测；而竞争条件则包括产品价格、销售渠道、广告与促销策略等多个方面。只有综合考虑这些因素，企业才能准确判断在该市场中可能获得的利润和销售机会。

2．新兴市场机会

新兴市场机会指的是由于顾客对新产品或服务的偏好和需求即将出现而形成的市场。在国际市场中，开发这类市场显得尤为重要。如果企业能够提供满足这些需求的产品或服务，那么新兴市场就有可能转化为成熟的现有市场。企业需要保持敏锐的市场洞察力，及时捕捉和把握这些新兴市场机会。

总之，在国际市场中识别和利用商机需要企业具备敏锐的市场洞察力、丰富的行业经验和独特的竞争优势。只有这样，企业才能在竞争激烈的国际市场中脱颖而出，实现可持续发展。

3．潜在市场机会

潜在市场机会存在于那些具有潜在需求和潜在顾客的市场中。识别这些机会的关键在于企业能否准确识别出潜在的顾客需求。一旦识别出潜在需求，企业需要根据自身的生产技术特点和经营优势，制订并实施能够满足这些需求的市场经营策略。

（二）企业国际化经营的环境深度剖析

企业在实施国际化经营战略时，面临的挑战和机遇均源自一个更为复杂多变的外部环境。因此，企业在决定拓展国际市场之前，必须对国际经营环境进行全面而深入的分析。

1．国际经营环境的多元复杂性

国际经营环境的复杂性体现在多个方面：

（1）多元要素：除了常见的政治、经济、文化和地理等宏观环境因素外，还包括微观环境如竞争者、供应商和消费者行为，以及企业自身的生产、销售和财务能力。

（2）广泛范围：国际化经营意味着企业需考虑的范围不仅限于本国，还要涵盖目标市场国家乃至全球的环境变化。

（3）丰富多样性：不同国家具有独特的地理环境、历史背景、文化习俗和经济发展阶段，这些差异为企业带来了丰富而复杂的经营环境。

2．国际经营环境的分析方法

为了应对国际经营环境的复杂性，企业需要采用合适的方法来分析和评估环境。常用的分析方法包括：

（1）经营环境等级评分法：该方法关注八个关键因素，对每个因素设定不同等级并赋予分值，最后汇总得出对某个国家环境的综合评价。这些关键因素包括资本回收限制、外商股权比例、政治稳定性、关税保护倾向等。

（2）国别冷热比较法：该方法通过七个主要因素来评估一个国家的投资环境"热度"。这些因素包括政治稳定性、市场机会、经济发展速度和成就等。通过评估这些因素的程度高低，可以判断一个国家的投资环境是否"热"或"冷"。

（3）机会－威胁分析法：该方法侧重于识别国际经营中的机会和威胁，尤其是政治风险和外汇风险。对于外汇风险，企业需要区分交易风险、换算风险和经营风险，并采取相应的处理方法。

为了进行有效的环境分析，企业需要收集大量的信息和资料。大型企业可以建立自己的信息网络来实时监测环境变化，而中小企业则可以通过公共咨询机构来获取相关信息。通过对国际经营环境的深入剖析和评估，企业可以制订更加科学、合理的国际化经营战略，为企业的国际化发展提供有力支持。

二、现代企业国际化经营战略的多样化选择

企业在实施国际化经营时，根据其战略目标和市场环境的不同，可以采取多种战略类型。以下是四种主要的国际化经营战略类型：

（一）本土适应战略

本土适应战略强调根据不同国家的市场需求和文化背景，调整产品和服务以满足当地市场的特定需求。这种战略要求企业在重要的东道国市场上进行生产经营活动，并充分融入当地市场。与全球扩展战略相比，本土适应战略的成本结构可能较高，因为需要针对不同市场进行定制化生产。

本土适应战略适用于当地市场强烈要求根据当地需求提供产品和服务，并希望降低成本的情况。然而，这种战略也可能导致生产设施的重复建设，增加成本压力。此外，如果子公司过于独立，企业可能会失去对子公司的控制。

（二）全球扩展战略

全球扩展战略侧重于将企业在国内市场上成功的产品和技能转移到国际

市场，以实现更广泛的价值创造。这种战略下，企业通常会在母国开发具有差异化的产品，然后将其引入海外市场。企业总部对产品和市场战略的决策权保持高度控制，如美国宝洁公司就采用这种模式，在全球范围内推广其品牌和产品。

全球扩展战略适用于企业拥有核心竞争力，能在国际市场上保持竞争优势，且市场成本压力较小的情况。然而，如果当地市场要求提供高度定制化的产品或服务，这种战略可能就不那么适用了。此外，该战略可能导致在多个国家的生产基地出现重复建设，增加经营成本。

（三）跨国整合战略

跨国整合战略旨在通过在全球范围内的资源整合和共享，实现成本领先和产品差异化。这种战略强调母公司与子公司之间、子公司与子公司之间的双向互动和资源共享。企业会运用经验曲线效应和区位效益，满足当地市场的需求，同时实现全球学习和成本领先或产品差异化的目标。

跨国整合战略适用于全球竞争激烈的市场环境，要求企业具备强大的全球资源整合能力和创新能力。通过跨国整合战略，企业能够灵活应对不同市场的需求和挑战，实现国际化经营的可持续发展。

（四）全球一体化战略

全球一体化战略侧重于在全球范围内推广标准化的产品和服务，并通过在具有竞争优势的东道国进行生产经营活动，实现成本领先和规模经济效益。这种战略下，企业会追求在全球范围内的成本领先，并通过标准化产品实现规模经济。

全球一体化战略适用于成本压力较大且当地市场特殊要求较少的情况。然而，在需要提供当地特色产品的市场上，这种战略可能就不太适用了。

三、深入剖析国际市场竞争中的竞争优势

在国际市场竞争中，为了制订出符合企业实际情况的国际化经营战略，除了精准识别国际市场机会外，还需深入分析企业参与国际竞争的优势。这种优势不仅源自企业内部的实力，也深受国家经济、社会、政治等环境因素的影响。关于国际竞争优势的来源，有多重理论进行了阐述，其中迈克尔·波特的"竞争优势四因素论"为我们提供了一个综合性的分析框架。

（一）需求状况的影响

跨国公司母国的需求状况对其国际竞争优势具有重要影响。由于世界各国

在需求规模和结构上存在差异，这种差异为企业提供了在特定市场取得竞争优势的机会。一般来说，人均收入相近的国家在产品需求上具有较高的相似性，而发达国家与发展中国家在需求上则存在较大差异。

（二）生产要素的考量

生产要素是企业发展的基石，可分为基本生产要素和高等生产要素两大类。

（1）基本生产要素：涵盖自然资源、地理环境、气候条件以及初级劳动力等。尽管某些国家的特定行业竞争优势正是由这些基本要素所塑造，但在国际竞争日益激烈的今天，基本要素的重要性逐渐减弱，而高等要素的地位日益凸显。

（2）高等要素：包括受过高等教育的人才、先进的通信信息网络、强大的科研与开发能力等。这些高等要素在公开市场和国际贸易中难以轻易获取，且具有较高的稀缺性，因此对企业国际竞争力的提升具有关键作用。一个国家或企业若要在国际竞争中保持领先地位，就必须大力发展高等要素。

（三）企业组织、战略与竞争的演变

一个国家的体制、文化、历史等因素决定了企业的创建、组织和发展方式以及管理人员的思维方式、目标价值和行为准则等。迈克尔·波特指出国际竞争演变的四个阶段：

（1）要素驱动阶段：在这一阶段，企业的竞争力主要来源于本国的基本生产要素。

（2）投资驱动阶段：随着生产要素的升级和公司组织与战略的完善，企业开始进入投资驱动阶段。例如，韩国在大力发展造船业时不仅依靠其良好的港湾条件，还通过投资和技术创新提升了产业竞争力。

（3）创新驱动阶段：在这一阶段，相关产业被带动和发展起来，形成了完整的产业链和生态圈。例如，造船业的繁荣带动了钢铁、塑料、电子等产业的发展。

（4）财富驱动阶段：当国家经历前述三个富有竞争力的阶段后，可能会进入财富驱动阶段。在这一阶段，由于企业成本上升、产品质量下降、创新缓慢等原因，国际竞争优势逐渐丧失。此时，企业往往依赖于前期积累的财富来维持运营。以美国在20世纪70年代的钢铁、汽车、电器等产业为例，这些产业在与日本等国的竞争中逐渐失去了竞争优势。

（四）相关与支持产业的协同作用

一个产业的竞争优势往往与其相关和支持产业的协同作用密切相关。以美

国的计算机和软件业为例，其之所以能够保持世界领先地位，一个重要原因在于加利福尼亚"硅谷"地区聚集了大量计算机公司及配件企业，这些企业之间的紧密合作、互补性和需求拉动作用共同推动了整个产业的繁荣发展。相关产业不仅包括同类型的产业，还包括上游和下游产业，这些产业的竞争优势取决于企业间的合作紧密程度、互补性以及信息环境质量等因素。

第三节　国际市场的进入模式

一、贸易型市场进入模式概述

贸易型市场进入模式，通常也被称为"出口"模式，是企业将其产品或服务引入国际市场的一种常见方式。这种模式主要通过向东道国或地区直接或间接地销售商品来实现市场进入。

（一）间接出口模式详解

间接出口模式指的是企业不直接参与国际市场的销售活动，而是借助国内的中间商来完成产品的出口。这种模式的显著特点是风险相对较低，因为企业无须直接面对国际市场的复杂性和不确定性。

间接出口主要通过以下两种类型的出口中介机构进行：

1. 国内出口商

这些可以是本国的国际贸易公司或出口商行，也可以是常驻国内的国外买家。它们负责收购企业的产品，并独立承担出口和销售的全部风险。

2. 出口代理人和经纪人

出口代理人负责寻找国外买家，代表他们进行订货、运输和支付货款，同时收取一定比例的佣金。他们不拥有产品的所有权，风险由企业承担。经纪人则更专注于寻找潜在的国外客户，收取佣金，但不直接参与销售过程，也不承担任何风险。

在间接出口模式下，企业的生产和营销活动主要集中在国内，而产品的销售和分销则通过中间商进行。这种模式的优点在于企业无须投入大量资源来建立国际销售网络，同时降低了直接面对国际市场的风险。然而，企业也面临着对出口过程控制力较弱的挑战，以及对中间商的依赖可能导致的沟通不畅和成本增加等问题。

尽管间接出口模式在初期阶段可能是一个相对简单且风险较低的选择，

但随着企业国际化程度的提高，企业可能需要考虑更直接、更灵活的市场进入方式，以更好地控制国际市场，提升品牌影响力，并与国外客户建立更紧密的联系。

（二）直接出口的市场进入策略

直接出口是指企业跳过中间商，直接将产品销售给国外的客户或最终用户。这种市场进入方式提供了多种渠道供企业选择，包括：

（1）设立海外办事处：在海外设立办事处是企业直接出口的一种常见方式。这些办事处不仅负责产品销售，还承担着收集市场信息、提供售后服务等职能。它们通常设立在具有市场潜力和可能进一步发展的国家和地区。

（2）建立国外销售子公司：与海外办事处相比，国外销售子公司在法律和税收上享有相对独立性，使得企业能够更深入地参与和影响国际市场的经营活动。

（3）直接面向最终用户：对于大型设备、专有技术或高技术产品，直接面向最终用户是更合适的选择。这种方式确保了产品技术的直接传递和服务的及时提供。

（4）国内出口部门：作为国内销售部门的分支，专门负责国际营销活动的国内出口部门，往往随着专业化分工的深入，可能发展成为专营进出口业务的分公司或子公司。

直接出口带来的显著益处包括：①它往往能实现较高的利润边际；②企业能更直接地获取并利用海外市场信息，灵活选择目标市场；③企业手握贸易主导权，可有效执行其发展战略；④建立稳固的销售网络较为便捷，有助于市场份额的稳定与增长；⑤这一过程有利于培养兼具国际市场知识与企业产品技术理解的复合型营销人才，极大促进国际市场的开拓。

然而，直接出口也伴随着不容忽视的挑战：企业需承担更高的初期投资和各类风险全责；由于营销活动自主执行，不仅成本上升，还要求营销团队具备较高专业能力。因此，直接与间接出口模式各有利弊，其优劣并非绝对，企业应依据特定情况谨慎抉择。

企业在决定采用哪种出口途径及具体路径以进入国际市场时，应全面审视两种模式的优缺点，结合产品的特性及企业自身资源与能力，做出最为合适的策略选择。

二、契约型市场进入模式

契约型市场进入模式，通常也被称为"技术授权"模式，是一种通过与目标国家或地区的企业签订长期合作协议，进而进入该市场的方式。这种模式侧重于技术、技能劳务和工艺的输出，而非直接销售产品。它涵盖了授权经营、服务合同、建设合同和生产合同等多种具体形式。

（一）许可证贸易

许可证贸易是一种商业交易形式，其中技术拥有者（技术许可方）将其技术（通常是所谓的"软技术"，涵盖专利、设计、工业模型、商标、版权以及专有技术或诀窍）的使用权，通过签署许可证协议或合同，转让给另一家公司（技术接受方或被许可方）。作为这种使用权转让的回报，被许可方需要向技术许可方支付一定的费用或报酬。

IBM 作为技术创新的领导者，每年都能产生大量的专利。自 20 世纪 90 年代起，IBM 改变了其原有的专利使用策略，不再仅仅局限于内部使用，而是选择将其开发的专利出售给市场，甚至包括竞争对手。IBM 的这一策略转变，在业界被形象地称为"敞开仓库"，意味着 IBM 愿意通过许可的方式，将自身的技术成果与更多人分享，同时从中获得经济收益。

以下是关于许可证贸易中不同许可类型的另一种表述：

1. 独占许可

在此模式下，被许可方在指定的地区和时间段内，拥有对特定技术产品独家制造、使用和销售的权利。这意味着许可方（即技术所有者）及其任何第三方都不能在该地区内使用或销售相同的技术产品，确保了被许可方在该区域内的垄断地位。

2. 可转让许可

此类型的许可赋予了被许可方一项特权，即可以将从许可方获得的技术使用权，以自己的名义再次转让给第三方。这允许被许可方在特定条件下，与其他企业分享或转移这些技术权利。

3. 普通许可

在普通许可下，被许可方获得了在指定地区内制造、使用和销售特定技术的权利。然而，许可方保留了自己或向其他第三方在同一地区内授予相同使用权的权利。这意味着被许可方需要与许可方和其他可能的被许可方共同竞争。

4. 排他许可

排他许可允许技术许可方和被许可方在特定的地区内共同享有制造、使用和销售技术的权利。但重要的是，许可方不能将此权利转让给除被许可方之外的任何第三方。这种许可类型确保了被许可方在特定区域内的独家地位，但许可方仍保留在该区域内的使用权。

5. 交换许可

交换许可是一种特殊形式的许可协议，其中两家公司相互交换各自拥有的专利技术或专有技术的使用权。这种许可方式通常基于双方技术价值相当的原则进行，旨在实现技术资源的互补和共享。

采用许可证进入模式的最大亮点在于其时效性，能让企业迅速进入新市场，同时避免了自行开拓市场所需的巨大成本和潜在风险。然而，这种方式也隐藏着技术扩散的风险，即一旦技术被转移给海外合作伙伴，原企业可能会失去对该技术的控制权。比如，美国 RCA 公司因向日本公司授权彩电技术，导致技术被快速吸收并应用于竞争，日本公司最终利用这项技术反攻回美国市场。此外，许可证贸易还可能危及企业的品牌形象和市场信誉，若购买方未能按协议标准运营，将间接损害卖方在全球的声誉和市场地位。

（二）特许经营

特许经营，作为一种商业模式，涉及的是特许经营权拥有者（通常称为"特许者"）与被特许经营者（或称"特许证人"）之间的合作关系。在这种关系中，特许者通过合同的形式，允许特许证人使用其品牌、商标、专有技术、产品以及一系列运作管理经验，以开展相应的经营活动。为了获得这些使用权，特许证人需要向特许者支付一定的特许费用。

特许经营相较于传统的许可证贸易，更是一种深层次的经营领域延伸。许可证贸易主要关注于个别经营资源的授权，而特许经营则涵盖了整个经营体系的转移和应用。在特许经营关系中，特许者不仅提供商标、技术等资源，更在组织架构、市场策略及管理实践等方面给予特许证人全面的支持和指导，以确保专营业务的持续运营和成功。

特许经营通常分为两大类：产品商标特许经营和经营模式特许经营。前者侧重于品牌和产品的授权，后者则更加注重整个商业模式的复制和推广。以1987年肯德基在中国开业为标志，特许经营模式正式进入中国，随后，众多国际知名的特许经营品牌如麦当劳、假日酒店等纷纷进驻中国市场，特别是在餐饮、酒店、服装零售和便利店等行业表现尤为突出。

特许经营模式的优势在于，它能够帮助企业有效利用外部的资金和人力资源，实现快速的市场扩张和国际发展。然而，这种方式也伴随着一定的风险。企业可能因授权而失去对产品质量和知识产权的直接控制，同时，一些国家政府的干预也可能对特许经营的扩展构成限制。此外，特许经营的快速扩张也会给授权方带来管理、质量控制及品牌维护等多方面的挑战。

（三）合作生产

合作生产是一种特殊的商业合作模式，其中企业与国外制造商签订生产合同，由这些制造商负责产品的制造环节，而企业则主要负责产品的销售。通常，这些产品会被销往制造商所在国家的市场或其他目标地区。为了确保制造商能够按照企业的要求和规格生产产品，国际化经营的企业会向当地制造商提供必要的技术转让和技术支持。

合作生产模式具有多个显著优势。首先，它允许企业以较少的资金和管理资源快速进入目标国家市场，降低了市场进入的门槛和风险。其次，由于不涉及股权问题，企业可以避免与当地所有权相关的复杂法律和管理问题。此外，合作生产模式还使企业能够对销售过程和售后服务进行直接控制，从而确保了产品质量和客户满意度的提升。如果国外制造商的生产成本相对较低，合作生产模式还能显著提高产品的竞争力，帮助企业在国际市场上获得更大的市场份额。

然而，合作生产模式也存在一些挑战和限制。由于企业并不直接参与生产过程，因此对生产过程的控制力相对较小。此外，找到合适的当地制造商企业也是一个需要仔细考虑和筛选的过程，因为制造商的生产能力、技术水平和管理水平都会直接影响到产品的质量和交货期。因此，在选择合作生产模式时，企业需要充分评估潜在的合作伙伴，并与其建立稳固的合作关系，以确保生产过程的顺利进行和产品的稳定供应。

（四）管理合同

管理合同是一种企业与目标国家的企业或机构签订的协议，旨在将后者的一部分或全部业务的管理职责交由前者承担，从而进入目标国家市场的方式。这种合同形式主要关注的是管理技术的转让，而非所有权的变更。作为管理方，企业并不拥有目标企业的所有权，而是拥有其经营管理权。

通过管理合同，企业能够利用自身的管理经验和技巧，无须投入大量资金即可获取收益。此外，由于直接参与目标国家的业务管理，企业能够更深入地了解目标国的经营环境和市场需求，为未来的业务拓展奠定坚实基础。在某些情况下，作为提供管理技术的附加条件，管理方还可能获得相关产品或设备的出口机会，从而获取一定程度的经济补偿。

然而，管理合同模式也对企业提出了较高的要求。企业需要拥有大量优秀的管理人才和技术人才，以确保能够有效地管理目标企业的业务。此外，通过帮助管理目标企业的业务，企业也面临着培养潜在竞争对手的风险。一旦完成合同约定的管理任务，除非签订新的管理合同，否则企业需要从目标国家撤离。

（五）建筑或交钥匙工程合同

建筑或交钥匙工程合同是一种更为全面的建筑工程合同形式。它要求承包商不仅负责建设工程项目，还要确保项目在交付给业主之前达到可运行状态。此外，为了确保业主能够顺利接手项目并开展运营，承包商还需提供包括管理、操作培训等一系列后续服务。

这种合同安排有时被称为"交钥匙附加承包"。在签订和执行交钥匙工程合同时，双方应明确规定工程项目的具体计划、所需设备、各方的义务和责任、不可抗力事件的定义、违约后的法律后果以及解决争议的程序等关键事项。这种合同形式要求承包商具备全面的项目管理能力和技术实力，以确保项目能够按时、按质、按量地完成，并顺利移交给业主。

三、投资型市场进入模式

投资型市场进入模式，也被称为"合资"型进入模式，是指企业通过将资本、管理、销售和财务等资源转移到东道国或地区，建立并控制分公司或子公司的方式进入市场。这种模式涵盖了以下几种主要的进入方式。

（一）合资经营

合资经营是指企业与国外投资者共同出资组建一家具有法人地位、独立核算、独立经营的企业。合资经营可以充分利用各方在资金、技术、管理和资源等方面的优势，实现互补和借鉴。这种方式有助于企业降低成本、提高质量，并借助外国投资者的销售渠道进入国际市场。对于我国企业来说，合资经营是一种可行的国际市场进入模式。

（二）独资经营

独资经营是指企业在海外设立全资子公司的行为，这种方式使企业完全控制其在海外的生产和营销活动。独资经营给予了企业高度的自主权，使得企业能够独享所有利润，并避免合资经营中可能出现的利益和目标冲突。此外，独资经营有助于企业更直接、全面地积累国际营销经验。然而，这种进入方式也伴随着高昂的资金投入和较大的风险，可能会遭遇东道国政府和公众的抵触，同时缺乏当地合作者的支持也会降低其灵活性。

（三）跨国并购

跨国并购是企业通过购买国外企业的股权或资产来进入新市场的方式。随着全球自由贸易的推进，跨国并购的数量不断增加。这种方式为企业进入新市场提供了快速通道，但同时也伴随着高昂的成本和复杂的风险。跨国并购不仅需要支付高额的并购费用，还需要面对不同国家法规的限制和谈判过程中的信息不对称问题。此外，并购后的整合也是一个复杂的过程，涉及不同企业文化、社会文化和习惯的融合。尽管跨国并购能够快速进入新市场，但企业需要承担相当大的代价和风险。

（四）战略联盟

战略联盟是企业与竞争者、供应商、消费者、分销商或其他行业企业之间建立的一种合作关系。通过战略联盟，企业可以共同开发、生产、分销或销售产品或服务。在国际化进程中，企业可以寻求与当地企业建立战略联盟，以克服进入市场的障碍。同时，当地企业也可以通过合作获得国外企业的资金、技术和管理支持。

四、其他进入模式

（一）反向贸易进入模式

反向贸易进入模式是指在贸易中，交易双方不仅涉及商品或服务的交换，还涉及某种形式的非货币偿付或相互补偿。以下是反向贸易进入模式的几种主要形式：

1. 易货贸易

定义：易货贸易是以货物或服务直接交换货物或服务，不涉及货币交换的贸易方式。

特点：操作简单，通过合同明确交换的货物、款式、质量和数量等细节。

优点：为贸易双方解决外汇短缺问题，提供灵活的贸易方式。

2. 回购贸易（直接补偿贸易）

定义：出口方向进口方提供设备或技术，进口方用这些设备或技术生产出的产品来偿付。

特点：偿付仅限于进口设备所生产的产品，不涉及其他产品。

优点：节省引进设备、技术的外汇支出，同时带动本企业产品出口。

3. 补偿贸易

定义：进口方从出口方进口设备或技术，并以这些设备或技术生产出的产品或劳务分期偿付进口货款。

特点：偿付方式多样，可以是产品、劳务或两者结合。

优点：为进口方提供融资便利，促进出口方产品销售。

注意事项：现在补偿贸易已发展出多边关系，需灵活运用。

4. 转手贸易

定义：利用双边清算外汇进行多边关系的贸易。

特点：涉及多个国家和复杂的交易网络。

优点：为企业提供出口贸易的灵活性，并可能实现贸易平衡。

注意事项：操作复杂，需要企业精心组织。

5．互换贸易（平行贸易）

定义：双方签订两个独立的合同，一个为出口合同，一个为购买合同，但两者金额相近，可以分开履行。

特点：合同独立，商品可以无关联。

优点：贸易形式灵活，为企业提供出口贸易的便利。

注意事项：需与其他贸易形式及企业设备、技术引进等相结合。

以上五种反向贸易进入模式各具特点，企业在选择时需根据自身实际情况和目标市场情况综合考虑。

（二）非股权安排

非股权进入策略，或者称为非股权投资方式，自 20 世纪 70 年代以来在国际市场中得到了广泛应用。这种方式下，企业并不直接持有东道国企业的股权，而是通过提供与股权投资密切相关的技术、管理、销售渠道等资源来参与和影响东道国企业的运营。通过一系列精心设计的合同，这些企业为东道国提供优质的服务，从而与东道国企业建立起紧密的合作关系，并从中获取相应的利益。非股权安排包括以下几种形式：

1．管理合约

也被称为经营合约，它允许一个缺乏专业技术人才和管理经验的企业，通过与另一个具有这些资源的国际企业签订合同，委托其进行全面的经营管理。这种合约可以分为全面管理合约和技术管理合约两类。

（1）全面经营管理合约覆盖了技术管理、供销以及行政管理等多个层面。这种合约在新兴产业企业、专注于出口产品的企业，以及大型国际旅游企业中特别常见，因其能为企业提供全方位的运营支持。

（2）技术管理合约则更为专注，它规定跨国公司仅需派遣技术人员负责东道国企业的技术管理工作，如技术副总经理或总工程师等职位，而企业的所有权和其他管理职责依然保留在东道国企业手中。这种合约形式在保障东道国企业主权的同时，也引进了跨国公司的专业技术知识。

2．工程承包

工程承包是跨国公司，尤其是建筑行业的企业进入国际市场的关键方式。这种承包方式涵盖了各种工程项目，如水利设施（如水坝）、管道系统、交通网络（如高速公路、地铁）、航空设施（如机场）、通信系统、电力设施（如电站）以及综合性工厂等。工程承包的形式多样，具体可分为以下四种：

（1）设计与施工监督：跨国公司负责为东道国的建设项目进行详细的工程

设计，并派遣专家团队对施工过程进行全程监督，确保施工质量和进度。在这种模式下，东道国负责自行雇佣建筑安装工人，而跨国公司可以提供原材料和设备的采购服务，或者由东道国业主自行处理。

（2）交钥匙工程：跨国公司不仅负责项目的整体设计、施工和设备安装，还确保工程竣工后能够达到预定的性能指标。这包括进行试车，确保产品产量、质量、原材料消耗等关键指标符合合同规定。此外，跨国公司还会对东道国业主的管理和操作人员进行全面培训，确保他们能够独立、高效地运营项目。只有当所有条件都满足合同要求时，跨国公司才会将项目正式移交给业主。

（3）半交钥匙工程：这种承包方式与交钥匙工程类似，但跨国公司不承担对东道国业主的管理和操作人员的培训责任。其余方面，如设计、施工、设备安装和试车等，都由跨国公司负责。

（4）产品保证项目：这种承包方式在交钥匙工程的基础上更进一步。跨国公司不仅负责项目的建设和试车，还会在项目初期提供额外的支持，以确保项目在各个方面都能稳定地达到设计要求。这包括派遣专家团队处理可能出现的任何问题，直到项目运行稳定、各项指标都满足合同要求后，跨国公司才会正式办理项目的交接手续。

3．销售合约

销售合约是跨国公司利用东道国的销售网络来增强其产品销售能力，并以此作为进入国际市场的一种策略。这种合约通常采用分销、商业代理及寄售等三种模式来实施。

（1）分销：跨国公司与东道国的销售机构签署协议，后者会按照跨国公司设定的价格在当地市场销售产品。分销商在从跨国公司采购产品时，能享受到有吸引力的折扣优惠。

（2）商业代理：跨国公司会委托东道国的商业机构为其产品寻找买家，此时该机构即成为跨国公司的商业代理。代理商并不直接参与产品的买卖交易，而是协助买卖双方达成交易，之后按交易额的一定比例收取佣金。

（3）寄售：跨国公司将其产品交付给东道国的销售机构，并委托其代为销售，即采用寄售方式。商品在市场上售出后，寄售商会支付货款，并从中扣除应得的佣金。

4．国际分包合同

这是一种由某一国家的总承包商向其他国家的分包商发出订单，由分包商负责生产部件或完成产品组装，最后再由总承包商负责销售的合作模式。此模式与加工贸易中的来料加工、来样加工及来件组装等方式颇为相似。在这种模式下，东道国企业不承担任何风险，而总承包商则能在较长一段时间内以低于市场价格的水平购买到一定数量的产品。

第四节　国际化战略实施的关键问题

一、战略合作者的遴选

当企业选择通过合资企业或者许可协议来构建国际战略联盟，以进入他国市场时，选择恰当的战略合作者变得至关重要。

在构建这样的联盟时，双方应当超越单纯关注各自战略目标的视角，转而聚焦于双方所能提供的资源。同时，对潜在战略合作者所在国的政治稳定性、经济环境、社会习俗和法律框架等因素进行全面评估，以确保合作的顺利进行，避免潜在的风险和不必要的失败。这样的考量能够帮助企业更为稳健地推进国际化战略，实现长远的成功。

二、国际经营战略风险的防范与管理

当企业实施国际化经营时，由于进入陌生的国家市场，将面临一系列与国内经营截然不同的挑战和风险。这些风险可能对企业的经营成果和关键目标的实现产生重大影响。因此，企业需要制订有效的风险防范措施来应对这些风险。

（一）政治风险的防范

政治风险指的是由于东道国政治环境的变化可能对企业经营造成的不利影响。为了防范政治风险，企业可以采取以下措施：

1．本地化策略

努力成为东道国经济的一部分，与当地政府和其他政治力量建立良好的关系，通过雇佣当地员工和融入当地社会来降低风险。

2．合资或合作经营

通过与当地企业合作或合资经营，企业可以获得当地的支持和信任，从而在一定程度上减轻政治风险。

（二）交易风险的防范

交易风险主要包括报价风险和供货风险，主要源于从成交到结算或交货之间的时间差。为了防范交易风险，企业可以采取以下措施：

1．汇率与币种选择

在报价和签约时，选择有利的汇率和币种，以降低汇率波动带来的损失。

2．灵活的生产管理体系

建立一套能够快速响应市场变化和客户需求的生产管理体系，以便在接到订单后迅速调整生产计划和交货时间，减少供货风险。

总结来说，企业在实施国际化经营时，需要充分认识和评估可能面临的各种风险，并制订相应的防范措施来降低风险的影响。通过本地化策略、合资或合作经营、汇率跟踪与预测、内部交易对冲以及灵活的生产管理体系等措施，企业可以更好地应对国际经营中的挑战和风险，实现稳健的发展。

（三）外汇风险的防范

外汇风险指的是由于汇率波动可能对企业以外币计价的资产和负债产生的价值变动风险。为了防范外汇风险，企业可以采取以下措施：

1．汇率跟踪与预测

密切关注国际外汇市场的动态，对汇率走势进行预测和分析，以便及时调整经营策略。

2．内部交易对冲

尽可能通过公司内部交易来平衡不同货币之间的风险，减少汇率波动对企业的影响。

三、跨文化管理

随着企业国际化步伐的加快，它们所面对的不仅仅是商业挑战，更是一项复杂的跨文化挑战。不同国家、地区的文化背景和价值观差异，为企业带来了前所未有的管理难题。跨文化管理，作为国际化经营中的关键要素，已经成为企业成功的重要保障。

跨文化管理是在 20 世纪 70 年代后期逐渐发展成熟的管理理论，它旨在解决企业在跨国经营中因文化差异而遇到的各种问题。这一理论的核心在于如何有效地管理文化差异，将其转化为企业的竞争优势。

跨文化管理的研究重点主要集中在以下几个方面：

（1）行为适应：探讨企业如何根据不同文化背景调整自身的行为策略，以更好地适应东道国市场。

（2）文化趋势：分析在全球范围内，企业行为的文化差异是在加剧、缓和，还是保持不变。

（3）有效管理：研究如何在不同文化背景下实现有效的管理，确保企业运营的顺利进行。

（4）差异转化：探讨如何将文化差异转化为企业资源，从而提升企业的竞争力。

文化与管理是密不可分的，管理本身也是文化的一种体现。不同的文化模式决定了不同的管理模式，而管理水平的提高又能促进文化的繁荣。因此，跨文化管理不仅要关注文化差异，还要重视制度文化和政策上的差异。

对于国际化经营的企业来说，跨文化管理主要涵盖以下三个方面的工作：

第一，文化差异识别。识别并理解不同文化之间的差异，特别是价值观的差异，这是跨文化管理的首要任务。

第二，针对性培训。根据东道国的文化背景和习俗，对企业员工进行有针对性的培训，帮助他们更好地适应新的文化环境。

第三，共同价值观建设。通过宣传和推广母公司的经营理念和目标，培育企业共同的价值观，同时结合东道国的文化传统，建设具有特色的企业文化。

总之，跨文化管理是企业国际化经营中不可或缺的一部分。只有深入理解并有效管理文化差异，企业才能在全球化竞争中立于不败之地。

第六章　现代企业战略实施与控制

第一节　现代企业战略的实施

一、战略实施的概述

战略实施可以被视作将企业所设定的战略目标转化为具体行动并推动其实现的过程。企业在清晰界定了自身的战略愿景后，接下来的关键步骤便是如何将这些愿景转化为切实的行动计划，并确保这些计划能够得以顺利执行。战略实施不仅是战略管理过程中的一个重要行动环节，它与战略制订一样，对企业的长期发展具有至关重要的影响。

战略实施是一个灵活多变的管理流程。这一过程通常涵盖以下四个主要阶段：

（一）战略启动与动员阶段

在这一阶段，企业致力于激发员工对于新战略的热情和动力。通过培训和教育，向管理人员和全体员工传递新战略的理念和价值，确保他们理解并接受新战略，从而激发他们为实现战略目标而努力的积极性。

（二）战略细化与规划阶段

此阶段的任务是将总体战略细化为具体的行动计划。这包括将战略目标分解为多个阶段性的小目标，并为每个阶段制订相应的政策、策略和方针。企业战略管理者需要全面考虑并精心规划，确保各个阶段的目标相互衔接，共同推动整体战略的实现。

（三）战略执行与操作阶段

战略的执行和操作阶段关注的是如何将规划好的行动计划付诸实践。这一阶段受到多种因素的影响，如领导层的素质和价值观、企业的组织结构、文化氛围、资源分配、信息沟通、控制机制以及激励机制等。这些因素共同作用于战略执行过程，影响着战略实施的效果。

（四）战略监控与评估阶段

随着战略的执行，企业需要不断地监控战略执行的效果，并对执行过程中的偏差进行评估和纠正。这一阶段包括建立有效的控制系统，对战略执行的绩效进行持续监控，及时发现并评估偏差，并采取相应的措施进行纠正。通过不断的监控和评估，企业可以确保战略在变化的环境中保持有效性，从而顺利完成战略任务。

二、战略实施的关键原则

在战略实施的过程中，尽管无法完全预见所有可能遇到的问题，但遵循以下关键原则可以显著提高战略实施的成功率。

（一）集中领导与协调原则

战略实施的成功依赖于统一和集中的领导。企业的管理决策者因对经营战略有深入的理解和领会，应在战略实施过程中起到领导和协调的作用。通过他们的统一指挥，企业能够确保资源分配、组织结构调整、文化建设、信息沟通、控制机制以及激励机制等各方面的相互协调与平衡，进而使企业在实现战略目标的道路上更加高效和有序。

（二）灵活适应与合理调整原则

由于内外部环境的不断变化和战略制订时的局限性，战略实施过程往往需要灵活适应和合理调整。在不影响总体目标实现的前提下，允许战略的部分内容或特征发生一定程度的改变，以适应实际情况的变化。这种灵活性和适应性是战略实施成功的关键，也是企业持续发展的动力。

（三）持续反馈与调整原则

战略实施的成功需要持续的反馈和调整。企业需要将战略规划转化为员工可以理解和执行的具体行动指南，并通过关键战略绩效指标来检验战略的有效性。同时，企业还需要对竞争环境的变化保持高度的敏感性和应变能力，及时修正和调整战略假设，以确保战略与实际情况的紧密契合。

（四）权变与备选方案原则

战略的制订是基于对未来条件的假设，但在实际实施过程中，企业可能面临各种无法预见的变化。因此，企业需要遵循权变原则，在关键变量发生重大变化时及时调整战略。同时，企业还应准备相应的战略备选方案，以应对可能出现的各种情况。这种权变和备选方案的能力是企业保持竞争优势的重要保障。

三、战略实施的基本模式

（一）指挥型

指挥型战略实施模式强调高层管理者的权威和决策能力，在这种模式下，企业总经理负责制订战略，并向下层管理人员传达和解释战略意图，然后要求他们按照既定的战略计划执行。这种模式侧重于战略的顶层设计和强制执行，而不强调下层管理者的参与和反馈。

采用指挥型战略实施模式的企业通常需要满足以下条件：

（1）高层领导的权威：战略实施的首要条件是高层领导（尤其是总经理）必须具备高度的权威。这种权威能够确保领导层通过发布明确的指令和期望来驱动战略的执行，并使得各层级员工对战略的执行保持高度的责任感和紧迫感。

（2）战略实施的适宜性：当战略与企业的实际运行系统相契合，且战略制订者与执行者的目标一致时，战略实施会更为顺畅。这要求企业具有较为集中的组织结构，环境相对稳定，且能够集中大量信息以支持决策。此外，企业若处于有利的市场竞争地位，并拥有较为宽松的资源环境，也将有助于战略的实施。

（3）高效的信息系统：战略实施依赖于准确、及时的信息支持。一个高效的信息系统能够确保关键的战略信息被迅速收集、分析和传递给高层领导，从而支持他们作出明智的决策。在高速变化的环境中，这一点尤为重要，因为任何信息延迟或失真都可能影响战略实施的成效。

（4）规划人员的客观性：在权力分散的企业中，各事业部可能因追求自身利益而忽视企业整体战略。为了弥补这一缺陷，企业需要引入一批具有全局视角的规划人员。这些人员应能够客观地评估各事业部的计划，并协调它们以符合企业的总体战略要求。他们的角色是确保企业的整体利益得到优先考虑，并帮助构建跨部门的协同和一致性。

这种模式的不足之处在于，它将战略制订与执行的角色明确分割开来。高层管理者负责制订战略，而下层管理者则主要承担执行的任务。这种分工虽然明确了各自的职责，但也可能导致一些问题。由于下层管理者在战略制订过程中缺乏参与，他们可能难以深刻理解战略背后的意图和愿景，从而缺乏执行战略的动力和热情。更糟糕的是，他们可能觉得自己的创意和想法没有被充分重视，进而产生抵触情绪，甚至拒绝执行战略。因此，这种模式可能在一定程度上限制了企业的创新能力和灵活性。

（二）变革型

变革型战略实施模式与指挥型模式形成鲜明对比。在这种模式下，企业总经理的关注点更多地聚焦于如何有效地执行战略，而非仅仅制订战略。总经理或在其团队的支持下，会致力于设计一套适应战略需求的行政管理系统。这通常包括创建新的组织结构、优化信息系统、整合业务范围等，以增强战略成功的机会。

从操作层面来看，变革型模式更注重从企业的实际行为出发来执行战略，这使得它比指挥型模式在操作上更为灵活和易于实施。然而，这种模式并未能完全解决指挥型模式所固有的问题，如信息获取的准确性、各事业部和个人利益对战略执行的潜在干扰，以及战略执行的动力不足等。

更进一步地，变革型模式在为企业战略实施提供结构性支持的同时，也可能带来新的问题。特别是当企业建立起新的组织结构和控制系统后，可能会在一定程度上牺牲战略的灵活性。这意味着，当外部环境发生较大变化时，企业可能面临更大的困难来调整战略以适应这些变化。因此，从长远角度来看，对于那些面临高度不确定性环境的企业而言，变革型战略实施模式可能并非最佳选择。

（三）合作型

合作型战略实施模式强调的是团队协作与集体决策。在这种模式下，企业总经理会主动与其他高层管理人员进行深度沟通与讨论，共同探讨企业战略问题，并努力形成共识。通过集思广益，大家共同制订战略，并各自承担在战略实施过程中的责任与角色。

这种模式有效克服了指挥型与变革型模式的一些局限。总经理通过与一线管理人员的密切接触，能够获取更准确的信息反馈，确保战略决策的实时性和针对性。同时，由于战略的制订过程是基于集体智慧的，这大大提高了战略实施成功的概率。

然而，合作型模式也存在一些潜在的缺点。由于战略是各方参与者协商和妥协的结果，这可能导致战略的经济合理性受到一定影响。此外，尽管合作型模式促进了高层之间的协作，但谋略者与执行者之间的界限仍然存在，这可能限制了全体员工智慧和积极性的充分发挥。因此，在实施合作型战略时，企业需要找到平衡各方利益、激发员工潜力的有效方法。

（四）文化型

文化型战略实施模式着重于通过企业文化的力量来推动战略的实施。在这种模式下，企业总经理致力于通过培育和传播一种共同的文化价值观和行为准则，来动员全体员工积极参与战略的实施。这种模式的显著特点在于打破了战略制订者与执行者之间的界限，鼓励每一个员工都参与到战略的制订和实施过程中，从而确保企业各个部分的人员都能在共同的战略目标下协同工作。

由于这种广泛的参与性，文化型模式能够迅速而有效地实施企业战略，降低风险，并推动企业快速发展。然而，这种模式也存在一些局限性和挑战。

首先，它对员工的素质提出了较高的要求。为了真正参与战略的制订与实施，员工需要具备一定的文化素养和战略意识。然而，在实践中，尤其是在劳动密集型企业中，许多员工可能难以达到这样的学识程度，这可能会影响他们对企业战略实施的参与程度。

其次，企业文化的形成可能会掩盖企业中存在的一些问题。一旦企业文化形成并深入人心，它可能会成为一种自我保护机制，掩盖或忽视企业中的某些潜在问题，这可能会给企业带来一定的风险和代价。

最后，存在流于形式的可能性。尽管文化型模式强调员工的参与和协作，但在实际操作中，如果企业高层领导不愿意放弃过多的控制权，或者缺乏足够的资源和时间来推动员工参与，那么这种参与可能会流于形式，无法真正发挥战略实施中的积极作用。

（五）增长型

增长型战略实施模式聚焦于企业的快速增长和扩展。在这种模式下，企业总经理赋予中下层管理人员更大的自主权，鼓励他们根据实践经验制订和实施各自负责的战略。这与其他战略实施模式的区别在于，增长型模式采用的是一种自下而上的战略制订方式，即战略并非完全由高层管理人员制订后向下灌输，而是由中下层管理人员基于实际运营情况提出，高层管理人员则在此基础上进行审核和判断。

在大型多元化企业中，增长型模式尤为适用。由于这类企业通常拥有多个事业部，高层管理人员难以对每个事业部的具体战略问题和运营细节有深入了解。因此，通过赋予中下层管理人员一定的自主权，能够确保各事业部基于自身的实际情况和市场需求制订并有效执行战略，从而推动企业整体的快速增长。

增长型模式的优点在于，它激发了中下层管理人员的积极性和创造力，使他们能够结合自身的经验和智慧，制订出更加符合实际需要的战略。同时，由于中下层管理人员和员工更加接近市场和一线运营，他们能够更快速地把握市场变化，及时调整战略，确保战略的有效执行。因此，增长型模式特别适合于处于变化较快行业中的大型多元化企业。

以上五种不同的战略实施模式在战略制订和执行的侧重点上各有特色。指挥型与合作型模式通常更侧重于战略的规划和设计，将战略的实施视为后续步骤。而文化型与增长型模式则更为关注战略如何被有效地执行和贯彻，将实施过程视为战略成功的关键。

然而，在实际的企业运营中，这些模式并不是孤立存在的，而是经常交叉或混合使用。企业会根据自身的特点和需求，灵活地选择和应用不同的模式来推动战略的实施。

为了更全面地理解和实施企业战略，美国的彼得斯（Peters）和沃特曼（Waterman）提出了著名的7S模型。这一模型强调了在企业战略实施过程中，必须同时考虑硬因素和软因素的综合影响。硬因素包括战略（Strategy）、结构（Structure）和体制（Systems），而软因素则涵盖作风（Style）、人员（Staff）、技能（Skills）和共同价值观（Shared Values）。只有当这七个因素相互协调、互为补充时，企业战略才能取得成功。

通过7S模型，企业可以更加全面地审视战略实施过程中的各个环节，确保在战略制订、组织设计、制度建立、人员配备、技能培训和文化塑造等方面都能够得到有效支持和配合，从而为企业战略的成功实施提供坚实保障。

四、战略实施与组织结构的适配

（一）组织结构在战略实施中的核心作用

企业组织结构是战略落地的关键支撑工具。一个精心设计的战略，若未能与相应的组织结构相匹配，其效果将大打折扣。因此，组织结构的调整是战略实施中不可或缺的一环。组织结构的设置并非一成不变，而是应随着企业战略目标的变动而灵活调整。

在战略执行过程中，选择合适的组织结构至关重要。这一选择不仅基于决策者和执行者对组织结构战略含义的深刻理解，还依赖于企业自身的实际情况和战略类型，以及对组织如何适应战略发展标准的认识。

美国学者钱德勒在其著作《战略与结构：美国工业企业历史的篇章》中提出了战略与结构关系的基本原则：组织结构应当服从于企业战略。这一原则强调了企业在制订战略时，不应局限于现有的组织结构，而应基于外部环境的变化来制订战略，并据此调整组织结构。

组织结构在战略实施中的重要性体现在以下几个方面：

1. 明确职责与权力

有效的组织结构明确了各层次管理者在资源分配和使用上的权力，以及管理控制的权威性，从而确保了各级管理人员能够清晰地了解自己的职责，有助于组织内部建立有序的管理控制体系。

2．促进协同与合作

合理的组织结构规定了企业内部各单位、各岗位之间的分工与合作关系，增强了全体成员为实现企业目标而协同工作的可能性。

3．优化信息流通

有效的组织结构建立了企业内部各单位、各成员之间的沟通渠道，确保了信息的准确、快速传递，提高了企业的应变能力和市场竞争力。

（二）企业组织结构的灵活适应与演变

企业如同生命体，经历着从初创、成长、成熟到衰退的生命周期。在这一过程中，企业战略的不断调整要求组织结构进行灵活的适应和演变。随着企业规模的扩张、市场竞争的加剧以及经营策略的多样化，组织结构必须与之相匹配，确保企业能够高效、稳定地运作。

1．数量增长期的垂直职能结构

在企业初创和数量增长阶段，为了快速响应市场需求、提高生产效率，企业往往采用垂直职能结构。这种结构下，企业高层直接领导各生产部门，并通过专门的职能机构为组织决策提供建议。这种结构有助于企业集中资源、快速决策，实现规模经济和成本降低，如图 6-1 所示。

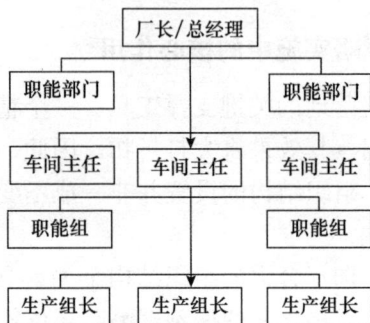

图 6-1　职能制组织结构

2．一体化战略的地区与集中管理结构

随着企业规模的扩大和市场竞争的加剧，企业开始实施一体化战略，通过控制原材料和分销渠道来增强竞争力。在这一阶段，企业会在不同地区复制已有的组织结构，形成地区组织结构，并由公司总部进行集中管理。同时，企业还会建立一体化的组织结构，统筹安排和指挥协调企业的经营活动。这种结构有助于企业整合资源、提高管理效率。

3．多样化经营战略的事业部制结构

为了分散投资风险、提高经营安全性，企业开始采取多样化经营战略。在这一阶段，企业提供多种产品和服务，市场间相互联系程度较低。为了适应这种经营形式，企业一般采用事业部制组织结构，按产品、用户或地区等要素划分事业部，各事业部在总部统一领导下相对独立经营。这种结构有助于企业灵活应对市场变化、提高经营效率，如图 6-2 所示。

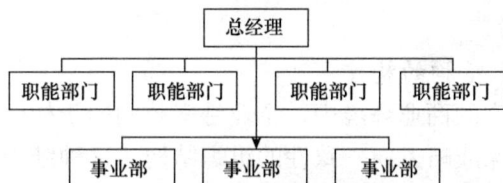

图 6-2　事业部制组织结构

4. 项目化管理战略的矩阵结构

随着企业发展到一定阶段，内部资源需要相互借用，运营的不确定性、复杂性及相互依赖程度增强。为了更有效地处理信息和决策，企业开始采用项目化管理战略，并相应采用矩阵式组织结构。这种结构将职能型和事业部制的原理相结合，既加强了各职能部门及规划部门的协作，又将集权与分权结合起来。这种结构有助于企业实现资源的优化配置、提高项目的执行效率，如图 6-3 所示。

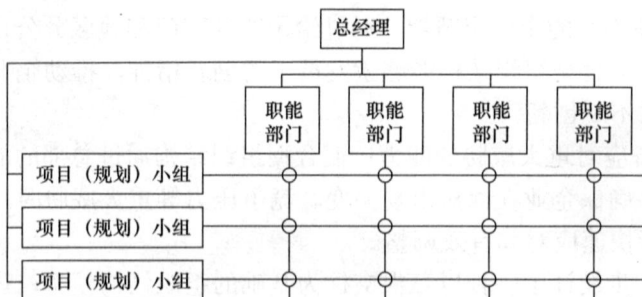

图 6-3　矩阵制组织结构

5. 紧缩与清算战略的简化结构

当企业经营环境发生巨变时，为了生存和发展，企业不得不采取紧缩或清算战略。在这一阶段，企业需要裁减组织机构或组织清算活动。因此，企业的组织结构会变得比原先更为简单、清晰。这种简化结构有助于企业降低运营成本、提高运营效率。

总之，企业组织结构的灵活适应与演变是企业战略实施的重要保障。随着企业战略的不断调整和市场环境的变化，企业需要根据实际情况选择合适的组织结构形式，确保企业能够高效、稳定地运作。

（三）组织结构的战略性革新

随着全球经济和社会的快速演变，企业为了保持竞争力和适应不断变化的市场环境，必须在组织结构上进行战略性革新。以下是几种常见的组织结构创新形式：

1．混合型组织结构的构建

在当今复杂多变的商业环境中，企业越来越倾向于构建一种既能灵活响应市场需求，又能确保战略方向一致性的组织结构。这种结构被称为混合型组织结构，其核心特点在于实现权力的合理下放与战略决策的集中控制。

混合型组织结构的典型形态是模拟分散制与超事业部制的结合。在这样的结构中，日常运营和决策权力被下放至各业务部门或地区分公司，以激发其创新活力和市场反应速度。同时，公司总部则扮演着战略规划和总体控制的角色，确保企业整体目标的一致性和资源的高效配置。

托马斯·彼得斯和沃特曼在《追求卓越》一书中提出了实现集权与分权良好结合的组织结构应具备的三个标准：

（1）组织稳定且富有效率：混合型组织结构在保持企业整体稳定性的同时，通过权力下放和灵活运营，实现了业务效率和市场响应速度的提升。

（2）不断创新的企业家精神：通过给予业务部门和地区分公司一定的自主权和决策权，混合型组织结构能够激发员工的创新精神，推动企业在产品、服务和管理上的不断创新。

（3）具备应对重大威胁的能力：混合型组织结构通过总部的战略规划和总体控制，能够确保企业在面对市场突变、竞争压力等重大威胁时，有足够的资源和能力进行快速应对和有效调整。

他们进一步设计了一种以三根支柱为基础的组织结构模型，这一模型强调了组织的稳定性、创新能力和应变能力，为企业提供了在复杂多变的市场环境中持续发展的有力保障，见图6-4。

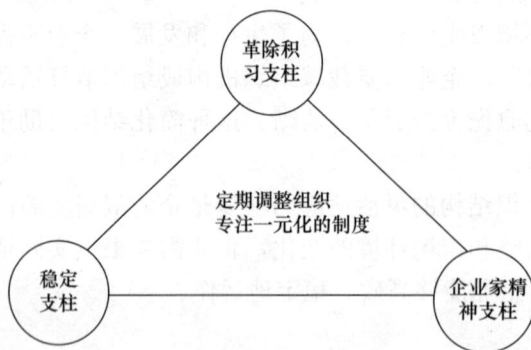

图6-4 "三支柱"组织结构

2．网络型组织结构

网络型组织结构代表了一种更为灵活和协作的组织模式，其核心在于组织将非核心业务通过合同关系外包给专业协作单位，从而专注于其核心业务和专长。这种组织结构模式可以被看作是一种组织间的紧密协作网络，其中组织自身仅保留处理核心和关键任务的部门，而将其他业务活动如生产、销售和广告等，通过合同形式交给专业的合作伙伴来处理。其典型结构形式如图 6-5 所示。

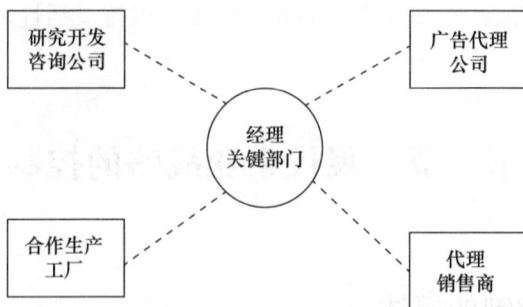

图 6-5　网络型组织结构

在图 6-5 所展示的网络型组织结构中，组织形成了一个小而精悍的中心部门，通过精心挑选的外部合作伙伴网络来执行广泛的业务活动。这种结构模式赋予了组织极高的灵活性，使其能够迅速适应市场变化，同时也降低了因人员众多而带来的运营成本。然而，由于与外部组织的协作关系错综复杂，管理者需要投入大量的精力来协调和控制这些外部关系，以确保业务的顺利进行。

网络型组织结构不仅适用于大型组织，通过精心构建的合作网络来扩展其业务边界和影响力，同时也适用于小型组织，帮助它们以较低的成本和较高的效率专注于核心业务。通过构建灵活而强大的外部合作网络，组织可以在不断变化的市场环境中保持竞争优势。

3．动态学习型组织的理念

在 1990 年，美国麻省理工学院斯隆管理学院的彼德·圣吉教授引入了动态学习型组织（Dynamic Learning Organization, DLO）的概念，它着重强调组织对外部环境的敏锐感知和快速适应能力。在一个不断变迁的外部环境中，特别是随着信息技术（如计算机和通信技术）的飞速发展，组织必须能够识别这些变化所带来的挑战和机遇，并快速开发出有效的应对策略。

DLO 的核心特征是其扁平化的结构，这意味着组织减少了传统高耸结构中繁多的纵向管理层次，使得内部沟通更为迅速和高效。这种结构促进了信息的快速流动，使得组织能够更快速地响应环境变化。此外，DLO 还注重培育专业知识，并通过不断的学习来激发和保持组织内知识员工的积极性和创新能力。

当 DLO 面临特定问题时，它会动员具备相关知识的员工共同参与解决，这种"知识杠杆"效应不仅解决了当前的问题，还推动了知识的持续累积和更新。为了提高学习效率和培训效果，许多企业设立了专门的信息主管或知识主管，负责促进组织内员工的互动、交流和知识更新，确保组织始终保持活力和竞争力。

动态学习型组织是一个不断学习、适应和创新的组织，它通过扁平化的结构和知识驱动的方法，在快速变化的外部环境中保持灵活性和竞争力。

第二节　现代企业战略的控制

一、战略控制的概述

战略控制，实质上是一个持续监控和调节的过程，旨在确保企业实际执行效果与预定的战略目标保持一致。这一过程涉及对战略实施效果进行实时监测，对比实际与预期目标的差异，评估战略实施的有效性，并针对发现的问题及时采取措施，以确保企业战略目标的顺利实现。

战略控制不仅仅是对计划执行情况的简单检查，它更关注以下几个方面：

（1）战略实施的实际效果：即当前战略在实际操作中的效果如何，是否达到预期目标。

（2）战略制订前提的可靠性：包括战略环境分析、预测等因素是否准确可靠，是否基于正确的假设。

（3）战略修正的时机与可能性：是否能够及时发现战略需要修正的迹象，以及是否有优化战略方案的可能性。

（4）战略整体评估的必要性：在特定情况下，是否需要对整个战略方案或战略规划进行重新评估。

战略控制的主要目标有两个：一是确保战略计划得到正确有效的执行；二是通过不断检验、修订和优化，使战略方案更加符合实际情况，更具操作性和效果。

战略控制的必要性源于战略失效的风险。战略失效通常指企业在实施战略过程中，由于各种原因导致实际结果与预期目标产生偏差。这些原因可能包括：①企业内部沟通不畅，员工对战略的理解和执行存在偏差。②信息传递和反馈机制不畅，导致战略调整滞后。③资源配置不当，无法满足战略实施的需求。④人员配备不当，关键岗位人员能力不足或失职。⑤管理者决策失误，导致战略目标本身存在问题。⑥外部环境发生重大变化，现有战略无法适应。

战略失效按时间顺序可分为早期失效、偶然失效和晚期失效。早期失效通常由于员工对新战略的不适应或理解不足导致；偶然失效可能由意外因素引起；晚期失效则多因环境变化导致战略基础脆弱。

因此，战略控制的关键在于持续监测战略实施情况，根据环境变化及时调整和优化战略方案，确保企业能够灵活应对各种挑战，最终实现既定的战略目标。

二、战略控制的特性

企业的战略控制的特征如下。

战略控制作为确保企业战略得以有效实施的管理过程，其特性体现在以下几个方面：

（一）实施可行性

战略控制首先强调的是战略的可行性。企业在选择战略后，必须评估其是否具备成功实施所需的资源条件，包括财力、人力、技能、技术以及组织优势等。如果这些条件存在不足，企业可能需要通过合作、联合或并购等方式来补充这些资源，以确保战略能够顺利实施。此外，管理层还需明确实施战略的具体步骤和计划。

（二）利益协调性

企业的整体利益与局部利益、长期利益与短期利益之间往往存在不一致性。战略控制的一个重要任务就是在这些不同利益之间寻求平衡和协调。单纯的技术或管理控制手段可能无法有效解决这些冲突，因此战略控制需要更全面的视角和策略。

（三）灵活适应性

由于市场环境和内部条件的变化，企业的战略在实施过程中可能需要进行调整和优化。战略控制需要具备多样性和不确定性，以适应这些变化。这意味着企业需要灵活调整控制措施，以适应不同情况的需要。同时，虽然经营战略是明确的、稳定的，但在实施过程中仍需根据实际情况进行必要的调整。

（四）弹性授权性

战略控制并非过度干预和频繁控制，而是需要保持一定的弹性和伸缩性。过度的控制可能引发员工的消极反应，而适度的控制和授权则有助于激发员工的积极性和创造力。在战略控制过程中，企业应当尽可能减少不必要的干预，将问题交由下属解决，以提高控制效率和效果。同时，对于小范围、低层次的问题，应当避免在大范围、高层次上解决，以保持战略控制的针对性和有效性。

三、战略控制的基本原则

（一）高层参与与协调原则

战略管理是企业全局性的管理活动，直接关系到企业的生存与发展。因此，高层领导的参与和协调至关重要。他们不仅需要制订明确的控制标准，还需要协调各职能部门，确保控制体系的顺畅运行，解决实施过程中可能遇到的各类矛盾和问题。

（二）务实与可行性原则

企业选定战略后，必须评估其实现的可行性。这包括评估企业是否拥有足够的资源，如财力、人力、技术等，以支持战略的有效实施。如果存在可行性问题，企业需要对战略进行深入研究或调整，直至确保战略切实可行。同时，战略控制也需要务实，即确保控制措施和方法具有可操作性，能够准确、及时地识别并纠正偏差。

（三）重点控制与例外原则

战略控制无须对所有信息活动进行监控，而应关注关键问题和例外情况。通过关注例外原则，管理者可以集中精力处理重要问题，提高工作效率。这要求控制体系能够识别并筛选出关键信息，以便决策者能够迅速作出反应。

（四）成本效益原则

在战略控制过程中，经济性是一个重要考虑因素。这意味着在保障控制效果的前提下，应尽量简化控制过程，减少不必要的资源投入。通过优化控制流程和方法，企业可以降低控制成本，提高整体效益。

（五）灵活性与适应性原则

战略控制需要具备一定的灵活性和适应性。这是因为外部环境和企业内部条件可能随时发生变化，导致战略实施出现偏差。因此，控制体系需要具备足够的弹性，能够迅速应对各种突发情况。同时，企业还需要根据环境变化适时调整战略目标和控制措施，以确保战略的有效实施。

（六）稳定与灵活相结合的原则

战略控制既要保持稳定性，确保战略计划能够顺利实施并达到预期效果；又要具备灵活性，以便在外部环境发生巨变时能够迅速调整战略方向和措施。这意味着企业需要建立一种能够应对复杂环境变化的战略控制系统，并制订相应的权变措施以应对各种不确定性因素。

四、战略控制的过程

战略控制的实质在于确保企业的行动与既定战略方向保持一致，并沿着正确的轨道前进。战略控制并非简单地检查计划执行情况，而是侧重于评估战略实施的有效性、战略前提的可靠性，以及战略是否需要调整或优化。

（一）传统战略控制观点的重新解读

传统的战略控制观点主要聚焦于通过收集企业实际运行结果的反馈，来评估战略目标是否实现，进而决定是否采取纠正措施。这种方法被称为"反馈控制"或"事后纠偏"控制。整个控制过程如图 6-6 所示。

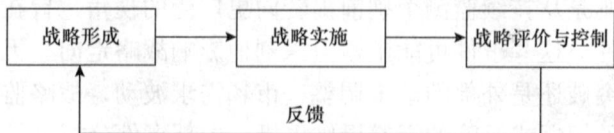

图 6-6　传统战略控制模式

然而，这种传统的反馈控制模式有其局限性。首先，它是一种相对静态的控制方式，更适合于竞争环境相对稳定、变化较慢的行业。其次，它要求高层管理人员必须等待战略实施的结果和信息，这种延迟可能导致企业错过关键的决策时机，降低企业的快速响应能力。

为了克服这些局限，战略控制需要更加灵活和前瞻。企业需要在战略实施过程中不断监控和调整，确保战略与外部环境和企业内部条件的变化保持同步。同时，战略控制还需要关注战略前提的可靠性，以及战略是否需要调整或优化，以应对不断变化的挑战和机遇。

（二）战略控制的现代视角

在当下的高度竞争商业环境中，高级管理人员面临着前所未有的挑战，要求他们不仅要对市场有敏锐的预见性，还要能够从被动地应对战略执行结果转变为主动引导战略按预设路径顺畅推进。这要求企业既要有稳固的前瞻性规划，也要保有足够的灵活性以适应不断变化的外部环境和内部状况，同时充分利用现代化技术和管理信息系统来识别并克服控制过程中可能出现的障碍。这种前瞻性或"事前控制"的方法，旨在预先解决反馈控制的局限，通过提前预测并准备未来，为企业导航。这种事前控制需要从以下三方面入手：前提控制、战略监视和实施战略，如图 6-7 所示。

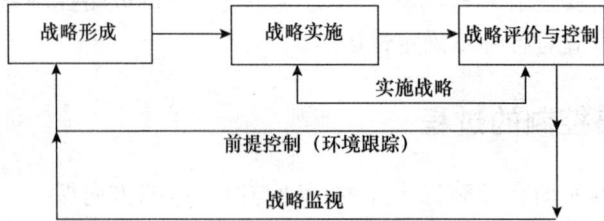

图 6-7 现代战略控制模式

前提控制是指在战略执行初期就设立监控点，定期审视战略制订时所依赖的外界条件假设是否仍然有效。一旦这些基本假设发生根本性变化，企业应迅速调整战略方向。这要求在战略规划阶段明确列出所有前提假设，为后续的系统性跟踪与评估奠定基础。由于并非所有变化都同等重要，因此控制重点应集中在那些直接影响战略成功的核心假设上。

战略监视则是从持续监测个别前提转向更广泛的视角，旨在捕捉内外部新出现的关键事件，这些事件可能微妙但深刻地影响战略走向。无论是内部的组织变革、技术突破还是外部的政策调整、市场需求波动，战略监督都力求及早洞察，为机遇的把握或风险的规避提供先机。内部事件分析可借助 SWOT（优势、劣势、机会、威胁）工具，而对外则需密切关注政策动态、利益相关者动态及资源供应情况等。

由此可见，现代战略控制体系不仅强化了对执行阶段的监管，还拓宽了视野，将外部环境的动态纳入考量，形成了一个既前瞻又全面，融合了预防、过程控制及反馈调整的动态管理系统。这标志着战略管理正朝着更加综合、灵活和前瞻性的方向演进。

五、战略控制的方法多样性

要实现对整个组织活动的全面控制，必须借助多样化的控制方式和方法。这些方式和方法的选择取决于控制的对象、内容和条件。充分了解并有效运用这些控制手段，对于现代组织实现成功的战略控制至关重要。通过灵活应用不同的控制方法，企业可以更加精准地监控战略实施情况，及时发现并解决问题，确保战略目标的顺利实现。

（一）预算控制的重要性

预算是组织管理中不可或缺的一环，它不仅仅是一纸计划，更是将组织未来的活动、目标和资源投入用数字形式明确呈现的工具。预算的制订过程实际上是将组织的长期计划转化为短期、可操作的财务目标，并通过具体的数字来指导各个层级和部门的工作。

预算控制的重要性在于其能够帮助组织实现有效的管理控制。通过将计划数字化，预算为组织提供了一个清晰的、可量化的行动指南。各级主管人员可以依据预算来委派任务、协调资源，确保组织的各项活动都在预算的框架内进行。

同时，预算也是衡量组织活动成效的重要工具。通过定期将组织活动的实际结果与预算进行对比，主管人员可以及时发现偏差，并采取相应的措施进行纠正。这种及时的反馈机制有助于组织保持对目标的持续追求，确保资源得到合理利用，并最终实现组织的长期目标。

因此，预算控制不仅是一种管理手段，更是组织实现其战略目标的重要保障。通过合理的预算编制和有效的控制实施，组织可以更好地规划未来、优化资源配置、提高运营效率，从而赢得市场的竞争优势。

常用的预算编制方法有以下几种。

（1）固定预算与弹性预算。固定预算是基于一个固定的产销量水平来预测和规划成本、费用和利润的预算方法。然而，在多变的市场环境中，这种基于单一业务量的预算方法可能无法准确反映实际业务变化对预算的影响，导致预算与实际结果的比较失去意义。为了克服这一缺点，弹性预算应运而生。弹性预算是在成本性态分析的基础上，根据一系列可能的业务量水平来编制预算，使得预算能够适应不同情况下的收支变化。这种预算方法更具灵活性和适应性，能够更好地支持企业的决策和控制过程。

（2）增量预算与零基预算。增量预算通常是以过去的费用水平为基础，根据预算期的业务量和降低成本措施来调整预算的方法。然而，这种方法往往无法充分考虑到实际需要的变化和费用的合理性，容易导致浪费和开支的不合理化。相比之下，零基预算则是一种更加全面和科学的预算编制方法。它不受过去费用水平的限制，而是从实际需要和可能性出发，逐项审议各种费用开支的必要性和合理性，从而确定预算成本。这种方法能够更好地反映企业的实际需求和资源分配情况，有助于提高预算的准确性和有效性。

总结来说，企业在选择预算编制方法时需要根据自身的实际情况和市场需求来灵活选择，以确保预算能够准确反映企业的实际经营情况和战略目标。同时，企业还需要不断优化和完善预算编制方法，以适应不断变化的市场环境和业务需求。

（二）作业控制的全面管理

作业控制是确保作业系统高效运行的关键环节，尤其在作业系统设计和计划得以实施后。有效的作业控制对于避免潜在问题和实现既定目标至关重要。在制造业中，作业控制涉及多个方面，包括采购控制、库存控制、质量控制和成本控制等。

1.采购控制

对于制造企业而言，物料采购是生产流程中的首要环节。物料成本常常占据产品成本的显著比例，有时甚至高达70%。因此，通过采购控制来降低物料成本，成为企业降低成本、提升利润的重要策略。有效的采购控制能确保企业以合理的价格获得高质量的原材料和零部件，进而保障产品质量和经济效益。

2.库存控制

与物料采购紧密相连的是库存控制。库存控制不仅关乎采购数量和时间的决策，更重要的是通过优化库存管理，减少库存积压和降低库存成本。ABC分类法是一种有效的库存控制工具，它根据物资的价值和重要性进行分类，对不同类别的物资实施不同的管理策略。这种方法有助于企业实现库存资金的合理利用和经济效益的最大化。

3.质量控制

质量控制是确保企业工作质量和产品质量的重要手段。它涵盖了生产过程和非生产过程的各个方面，包括领导工作、设计工作、信息工作等。质量控制强调事前预防和未来导向，注重全员参与和质量意识的培养。通过质量控制，企业可以及时发现和纠正问题，提升产品质量和客户满意度。

4.成本控制

成本控制是企业提高经济效益的重要途径。它涉及生产、销售、设计、储备等各个环节的费用控制，以及会议、领导、时间等无形费用的管理。成本控制要求企业建立严格的费用开支范围和标准，并严格执行。通过事先的成本预算和监控，企业可以确保各项费用控制在合理范围内，从而实现经济效益的最大化。然而，成本控制的难点在于提高企业内部各部门和单位的成本意识，确保每个人都意识到成本控制的重要性并积极参与其中。

（三）审计控制

审计是一种由专门部门或人员依据相关法规和标准，对组织的管理活动进行监督和评估的过程。审计的目的在于确保组织活动的合规性、透明度和有效性。根据审计对象和审计主体的不同，审计可以分为财务审计和管理审计，以及外部审计和内部审计。

1. 财务审计

财务审计以组织的财务活动为核心，主要通过审核账目、凭证、财物、债务和结算关系等，确保财务报表的准确性和合规性。财务审计在控制支出、保护资产、规范会计工作和改善财务状况等方面起着关键作用。以下是财务审计的主要方法：

（1）审计检查法。这种方法涵盖了资料检查法和实物检查法。资料检查法主要关注会计凭证、账簿、报表等书面资料的审查；而实物检查法则侧重于通过实物来验证书面资料的真实性和合法性。

（2）审计调查法。审计调查法涉及对被审计单位的会计资料和有关事实进行调查和查证。通过多样化的调查手段，审计人员能够发现潜在问题，为领导层的决策提供有力支持。具体方法包括审计查询法、观察法和专题调查法等。

（3）审计分析法。审计分析法运用各种分析技术，对审计对象进行深入比较、分析和评价。这种方法有助于发现异常事项、验证经济活动的真实性和效益性。常用的审计分析方法有账户分析法、账龄分析法、逻辑推理分析法等。

（4）抽样审计法。抽样审计法通过从被审计总体中抽取部分样本进行审查，来推断整体状况。这种方法在提高效率的同时，也确保了审计的准确性和全面性。常用的抽样审计方法包括任意抽样审计法、判断抽样审计法和统计抽样审计法等。

2. 管理审计

管理审计是一种系统性评估过程，它以管理原理和最佳实践作为基准，对组织的管理水平、策略和效果进行深入分析。不同于针对个别管理者的工作评价，管理审计侧重于从全局视角审视整个管理系统的效能。管理审计的目标是识别管理上的不足，并提供改进建议，以优化组织的运营效率和效果。

3. 内部审计

内部审计是组织内部的一种自我监督机制，由组织内部的审计部门或专职人员负责实施。内部审计人员凭借对组织运营情况的深入了解，能够更有效地监督和审核组织的各项活动，并提出针对性的建议。内部审计不仅关注会计账户的准确性，更关注组织的经营策略、管理流程和内部控制的有效性。通过制度化和经常化的内部审计，组织能够加强内部控制，提高运营效率。

4. 外部审计

外部审计是由独立的外部审计机构（如会计师事务所）及其专业人员对组织的财务和管理活动进行的审核。由于外部审计机构与组织在行政上不存在隶属关系，因此其审计结果更具公正性和客观性。然而，由于外部审计人员可能对组织的运营情况和特定环境不够熟悉，他们可能会面临一些挑战，导致审计效果受到一定影响。尽管如此，外部审计仍然是确保组织财务透明度和合规性的重要手段。

六、战略控制需关注的关键点

（一）构建适配的组织架构

战略控制的有效实施离不开一个与战略相契合的组织架构。这意味着组织内部的责任、权力和利益必须明确且相互协调。只有当每个成员都清楚自己的职责、拥有相应的权力，并能够从战略的成功中获益时，战略控制才能顺利执行。此外，组织架构中的人员配置也需与岗位职能相匹配，以确保员工能够充分发挥其能力，为战略目标的实现贡献力量。

（二）制订支持战略的执行计划

战略控制的核心目的是确保战略目标的实现。因此，一个明确的、具体的执行计划是不可或缺的。这个计划应该详细列出战略实施的步骤、时间表和所需资源，以便组织成员能够清楚地知道他们需要做什么，以及何时需要完成。

（三）围绕总体目标进行战略控制

战略控制的过程需要紧紧围绕企业的总体目标展开。这些目标通常包括提升市场地位、增强竞争力和实现满意的绩效等。战略控制的目标就是通过及时发现和纠正偏差，确保战略能够顺利实现这些总体目标。

（四）塑造与战略相符的企业文化

企业文化是组织内部的共同价值观和信念的体现，对于战略控制至关重要。一个与战略相符的企业文化能够激发员工的积极性和创造力，使他们更加自觉地调整个人目标和行为，以符合企业的整体战略。同时，企业文化还能够为战略管理提供正确的指导思想和健康的精神氛围。

（五）警惕并纠正短期行为

在战略实施过程中，企业往往容易陷入追求短期利益的误区。这种短视行为可能会损害企业的长期利益和战略目标的实现。因此，企业管理人员需要具备长远的眼光，对短期行为进行深入分析，并采取措施及时纠正。

（六）确保资源分配与战略匹配

资源分配是战略实施的关键环节之一。企业需要根据战略目标和市场环境的变化，合理分配财务资源和管理资源。这包括确保财务资源的充足性、合理性和有效性，以及提升管理资源的水平和能力，以满足战略实施的需要。

（七）构建战略控制的预警系统

为了确保战略控制的及时性和有效性，企业需要建立一个可靠的预警系统。这个系统应该能够及时发现战略实施过程中潜在的问题和偏差，并向管理人员发出警报。这样，管理人员就能够及时采取措施解决问题，避免战略失控的情况发生。

七、战略控制的主要制约因素

企业在规划并执行战略时，必须考虑一系列复杂多变的因素，这些因素可能源于企业内部或外部环境，它们共同作用于战略控制的过程，影响其有效性和实施结果。以下是对这些主要制约因素的重新阐述：

（一）组织结构与资源

组织因素是影响战略控制的重要内部因素。首先，企业的经营理念、权力分配和控制系统等组织结构的设置，决定了战略控制的方式和效果。随着市场竞争的加剧，企业更加注重建立和维护与顾客、合作伙伴等利益相关者的关系，这要求战略控制方式必须与之相适应。此外，组织的资源状况，如人力、财力和物力资源的充裕程度，也直接制约着战略控制的实施。

（二）市场与客户需求

市场和客户是企业生存和发展的基础。随着消费者需求的多样化和个性化，市场变化日益复杂。这种变化不仅要求企业在战略上做出快速响应，还要求战略控制能够及时调整以适应市场变化。因此，市场和客户需求的变化是战略控制不可忽视的重要外部因素。

（三）人力资源与认知

人力资源是战略控制的关键因素。一方面，企业需要具备战略管理能力的专业人才来制订和执行战略；另一方面，战略控制实施者的认知因素也至关重要。如果战略制订者、执行者或相关部门领导对企业战略缺乏深入理解和全面认识，或者存在部门利益至上的观念，都可能导致战略实施的扭曲。此外，员工的战略理解和重视程度也影响着战略控制的进行。

（四）企业文化氛围

企业文化是企业长期形成的共同价值观和行为规范。它渗透到企业的各个层面，对战略控制产生深远影响。一个积极、健康的企业文化可以激发员工的创造力和归属感，促进战略的有效实施；而一个消极、僵化的企业文化则可能阻碍战略控制的进行。因此，建立与战略相匹配的企业文化对于战略控制至关重要。

第七章　现代企业战略的变革与时代发展创新研究

战略变革是企业战略规划中的核心议题，它对于企业适应外部环境的变动、提高经营效率以及实现长期发展至关重要。在快速变化的环境中，那些能够及时捕捉变化的征兆并快速做出相应调整的公司往往能够取得成功。同时，企业内部因素，尤其是企业领导者的个人洞察力和决策能力，也是推动企业进行战略变革的关键因素。

第一节　战略变革的内涵与类型

一、战略变革的概念

战略变革是一个多维度的概念，至今没有一个统一的定义被广泛接受。安索夫在 1965 年的著作《公司战略》中首次提出这一概念，将其描述为公司对产品和市场领域进行重新选择和组合的过程。明茨伯格等学者则认为，当组织变革触及到组织的方向性要素，如愿景、定位以及程序和设施等，就构成了战略变革。

尽管战略变革常常与战略转型、战略调整、战略复兴等词汇混用，但学者们普遍认为，这些概念虽然微妙，但在理论构建上却具有重要的区别。一些学者指出，如果组织不能改变其基本的环境导向，那么它所进行的只能被视为战略调整而非变革。

尽管研究者们对战略变革的解释各有侧重，但他们的共识在于企业通过战略变革旨在确保或获得市场竞争优势，为企业的行为提供方向性指导，并增强企业的凝聚力。因此，我们可以将战略变革重新定义为：当企业面临或预期其内部和外部环境的变化时，为了获得或保持持续的竞争优势，企业对其经营范围、核心资源和经营网络等战略要素进行重新定义，同时改变其战略思维和方法的过程。

二、战略变革的类型

由于企业所处的环境复杂多变，企业自身的条件也各不相同，以及它们所追求的目标也各有差异，这使得企业在进行战略变革时会展现出多种不同的形式。对这些变革形式进行分类，并深入理解每种形式的特点，对于确保企业战略变革能够顺利实施至关重要。

（一）战略变革的层次分类

1．日常运营层面的常规战略变化

在日常运营层面，企业为了维持市场占有率和推动销售增长，会不断地对现有的战略进行微调。这些常规的战略变化通常包括广告内容的更新、产品包装的升级、定价策略的调整以及销售渠道的多样化等。这些细微的改变都是企业基于市场环境、消费者偏好以及内部运营效率的考量而做出的，旨在更好地满足市场需求，提高竞争力。

例如，在季节性商品的销售中，企业会根据不同季节的特点，选择与之相匹配的广告类型和价格策略，以吸引消费者的注意力，提升销售额。同时，企业还会根据销售数据和市场反馈，适时地调整生产量，确保产品供应与市场需求相匹配。

2．产品与市场扩展的有限战略变化

随着企业产品的更新换代和新市场的开拓，企业可能需要对原有的战略进行局部调整。这种有限的战略变化通常发生在产品升级或新产品推出时，涉及到产品功能、设计、市场定位等方面的改变。虽然这些变化可能不会对企业整体战略框架造成根本性的影响，但它们对于企业在特定市场或产品领域的成功至关重要。

例如，当企业推出新一代产品时，可能需要在原有的技术水平上进行重大改进，以满足消费者对于性能、质量或设计等方面的新要求。这种改进可能需要企业在研发、生产、营销等方面做出相应的调整，以确保新产品的成功上市和市场接受度。

3．组织结构重构的彻底战略变化

在某些情况下，企业可能需要对其整体战略进行根本性的改变，以适应行业趋势、市场竞争或内部环境的变化。这种彻底的战略变化通常涉及到企业组织结构的重构、业务模式的转型以及市场定位的重新定位等方面。这种变化可能会对企业产生深远的影响，需要企业高层管理者具备前瞻性的战略眼光和坚定的决心。

例如，当企业面临行业衰退或市场竞争加剧时，可能会选择与其他企业

进行联合兼并或收购重组，以实现资源整合和优势互补。这种联合兼并不仅会带来组织结构和人力资源的重大变化，还会影响企业文化和市场定位等方面。因此，企业需要对原有战略进行重新考虑和调整，以适应新的市场环境和发展需求。

另外，企业内部也可能发生重大变化，如管理层调整、新业务单元的购入或现有业务单元的剥离等。这些变化同样会对企业战略产生重大影响，需要企业综合考虑内部资源和外部环境的变化，做出相应的战略调整。

4．跨界转型的企业转向

在某些情况下，企业可能会选择进行跨界转型，即从一个行业转向另一个完全不同的行业。这种企业转向通常是由于原有行业面临衰退、市场竞争激烈或企业寻求新的增长点等原因而发生的。跨界转型需要企业具备强大的战略眼光和资源整合能力，以应对新行业的挑战和不确定性。

例如，一家传统制造业企业可能会选择进入新兴技术领域或服务行业，以寻求新的增长点。这种转型需要企业重新评估自身的资源和能力，制订新的战略规划和市场策略，以适应新行业的竞争环境和市场需求。同时，企业还需要面对新行业带来的管理、技术和市场等方面的挑战和风险。

总之，企业战略变革的程度和类型因企业具体情况而异。企业需要根据自身的资源、能力、市场环境和行业趋势等因素，制订合适的战略变革计划，以实现可持续发展和长期竞争优势。

（二）根据企业战略变革的方式划分

按照是否改变组织范式的方式进行划分，如果不改变组织范式可将战略变革分为适应性变革和重组式变革；如果改变组织范式。可将战略变革分为进化式变革和革命性变革。

1．适应性变革

适应性变革是在企业当前的组织架构和运作模式下，以一种温和且逐步的方式进行战略上的调整和优化。这种方法旨在最小化变革对组织的冲击，使员工更容易接受和融入新的战略方向。由于变革过程相对平缓，员工有机会在变革中不断学习、积累经验和技能，并调整自身的企业信念，从而推动变革效率的提升。然而，当企业遭遇突发的严重危机时，这种逐步适应的变革方式可能会因缺乏足够的缓冲时间而显得力不从心。因此，适应性变革更适合于企业在尚未面临严重危机时，进行战略上的微调和优化。

2．重组式变革

重组式变革指的是在坚守企业的核心价值观和经营理念的基础上，对其内部结构进行深度的改造或者实施一项大规模的成本优化计划。这种变革方法反应迅速，且具备很强的环境适应能力，可以随着外部环境的变化做出相应的调整。然而，当企业的战略基石发生根本性的转变时，这种变革方式可能就不再适用了。因此，重组式变革主要用于在保持企业战略核心不变的前提下，对企业内部结构和运营成本进行优化和调整。

3．进化式变革

进化式变革涉及深层次的组织范式的变革，它通常需要较长时间来逐步推进。这种变革模式可划分为两大类型：积极主导型变革和响应学习型变革。积极主导型变革是由管理者主动发起，基于对环境因素变化的敏锐洞察，通过战略规划、评估和设计的系统性过程，来明确战略转型的时间表和路径。而响应学习型变革则依赖于企业自身的适应性和学习能力，当外部环境发生变化时，企业能够主动分析环境趋势，通过持续学习来自我调整和优化战略。

然而，进化式变革并非毫无挑战。特别是当变革涉及企业战略的根本性转移，并需要对组织进行较大规模的调整时，这种变革可能会面临来自员工的抵触和不满。因此，在推进进化式变革时，企业需要充分考虑员工的接受度和参与度，通过有效的沟通和引导来减少变革阻力，确保变革的顺利实施。

4．革命性变革

革命性变革是对企业战略和组织结构进行迅速且根本性的重塑，通常发生在企业面临重大生存威胁或外部环境发生颠覆性变化时。在这种情境下，企业必须果断地采取快速有效的变革措施，以最大限度地减少潜在的损失。然而，由于变革的突然性和深度，员工可能因心理准备不足而对未来感到迷茫和焦虑，这可能导致士气低落和消极情绪的产生。然而，如果企业能够妥善处理和引导变革过程，这种变革也可能为员工带来新的机遇和挑战。

革命性变革对企业的影响是深远且广泛的，它不仅要求企业重新构建战略方向，还可能涉及到组织架构、运营流程、企业文化等多方面的调整。因此，这种变革的代价也是巨大的。企业领导者在选择实施革命性变革时，必须深思熟虑，权衡利弊，并确保变革方案的可行性和有效性。

在进行革命性变革时，对企业文化的分析至关重要。企业文化是企业长期积累的精神财富和独特标识，它影响着员工的思维方式、行为准则和价值观念。因此，在变革过程中，企业需要对企业文化进行深入剖析，理解其内在逻辑和核心价值，以确保变革方案与企业文化相契合，避免产生文化冲突和断层。同时，企业还需要通过有效的沟通和引导，帮助员工理解和接受新的企业文化，促进变革的顺利实施。

（三）根据企业对环境的反应速度和程度划分

企业在实施战略变革时，可能表现出不同的行为方式和类型，根据企业对环境的反应速度和程度，战略变革可以区分为四种类型：战略先应式、战略因应式、战略反应式、战略后应式。

1. 战略先应式

采用该范式的企业在行业中往往处于领先者的地位，企业领导者为了继续取得竞争优势，往往主动开展变革。永续经营的驱动力就是变，而且不是在不得不变的时候才变，而是提早变、在问题尚未发生时就变。

战略先应式企业的特点如下：

（1）抢占先机。这类企业往往能够敏锐地捕捉到市场或行业的变化趋势，并迅速行动，成为变革的引领者而非跟随者。

（2）战略前瞻性。它们不仅关注当前的市场需求，更注重对未来市场趋势的预测和把握。通过不断的战略创新，企业能够建立新的经营范围，开拓新的市场领域。

（3）使命和愿景驱动。战略先应式企业的使命和愿景在推动变革中起到了至关重要的作用。它们不仅仅是为了满足短期的经济利益，更是为了实现长远的愿景和目标。这种使命和愿景的导向性使得企业在变革过程中能够保持清晰的方向和坚定的信念。

当然，对于行业内的领军企业来说，探索前所未有的变革无疑是一项充满挑战和风险的任务。这些企业的领导者往往因过去的辉煌业绩而陷入一种舒适区，对变革产生抵触或犹豫。然而，必须明确的是，过去的成功不能保证未来的持续领先。为了保持其竞争优势并持续引领市场，企业必须不断寻求创新，甚至勇于挑战和重塑行业的既定规则。这种勇于变革和创新的精神是企业持续发展的关键所在。

2. 战略因应式

战略因应式企业通常是在资源与能力相对有限，但变革意愿却十分强烈的背景下运作的。这些企业坚信通过积极寻求变革和提前准备，能够创造出竞争优势。它们的特点主要体现在以下几个方面：

（1）强烈的求胜心和危机意识：由于认识到自身在资源和能力上的不足，这些企业更加珍视变革的机会。它们能够激发员工的积极性，让他们主动参与到变革中来，形成强大的内部动力。这种变革往往具有明确的目标和计划，管理者的意图和愿景得以充分展现。

（2）积极主动的变革态度：这些企业不会被动地等待市场变化，而是会提前预判市场需求，积极制订并实施变革计划。它们会主动寻找变革的契机，通过试验和尝试来不断学习和完善自己的战略。

（3）注重变革的绩效性：在战略因应式中，企业非常关注变革对公司绩效的影响。它们会基于对市场趋势的预测，制订相应的战略规划，并通过不断的尝试和调整来确保变革的顺利进行。这种变革方式遵循的是一种"感知—试验或尝试—学习"的路径，旨在通过不断的学习和改进来提升企业的竞争力。

然而，尽管战略因应式企业具有强烈的变革意愿和积极主动的态度，但它们也面临着一些挑战和风险。由于自身资源和能力的限制，这些企业在实施变革时可能会感到力不从心。如果变革计划过于庞大或复杂，超出了企业的承受能力，就可能会影响到企业的稳定性和战略实施的连续性。

以"巨人"公司为例，它在快速发展的过程中涉足多个领域，包括计算机、保健品等。然而，由于公司过于追求规模的扩张和多元化的发展，而忽视了自身资源和能力的限制，最终导致了资金链断裂和项目的失败。这个例子告诉我们，战略因应式企业在实施变革时，必须充分考虑自身的实际情况和市场需求，确保变革的可行性和有效性。

3. 战略反应式

在战略选择上，追随策略有时确实是企业的明智之举，能够为企业带来稳定的收益。然而，在某些情境下，若企业过于满足于作为追随者的角色，可能会导致其变革意愿和能力受到抑制。只有当感受到来自内部或外部的明确威胁与挑战时，企业才会被动地回应并作出相应的战略调整。这种被动应对的策略，我们称之为战略反应式变革。

战略反应式变革的企业通常具备以下特点：

（1）它们倾向于作为行业的追随者，通过观察市场领先者的动向，进行有限的模仿和跟随式变革。这种策略使企业能够在一定程度上规避风险，但也可能限制其创新和发展的空间。

（2）战略反应式变革的最大优势在于降低风险。通过跟随行业领导者的步伐，企业能够避免由于独立创新可能带来的不确定性和失败风险。然而，这种策略也可能使企业错失市场机遇，无法及时捕捉新的增长点。

然而，过度依赖战略反应式变革可能导致企业陷入被动和滞后的状态。领导者若满足于现状，仅被动地随着环境变化而调整战略，可能会使企业错失发展的关键时机或陷入疲于应付的困境。为了更好地应对复杂多变的市场环境，企业需要成为一个开放的学习系统，通过整体思维和前瞻性的眼光来解读和处理环境信息，以便及时作出正确的战略决策。

4. 战略后应式

战略后应式变革是一种在环境恶化至临界点，企业几乎面临绝境时才被迫采取的变革方式。这种变革往往源于企业未能及时察觉市场变化或内部问题，直到危机爆发才不得不采取行动。战略后应式变革的特点可以概括为：

（1）危机驱动，变革成本高昂。当企业深陷内外交困的境地，绩效和运营都出现严重问题时，才不得不启动战略变革。由于错过了最佳的变革时机，企业需要投入大量的资源和精力来扭转局势，往往要付出高昂的代价。这种"亡羊补牢"式的变革不仅效果有限，而且对企业长期发展不利。

（2）变革阻力相对较小。在企业面临生死存亡的关头，无论是管理层还是员工，往往都会意识到变革的紧迫性，因此内部的变革阻力会相对较小。然而，这种被动的变革方式往往缺乏前瞻性和系统性，难以从根本上解决企业的问题，而且容易使企业陷入"头痛医头、脚痛医脚"的困境。

为了避免战略后应式变革带来的负面影响，企业应当建立敏锐的市场洞察力和危机预警机制，及时发现并应对潜在的问题。同时，企业应当注重培养前瞻性的战略思维，制订科学合理的战略规划，确保在变革中能够抓住机遇、应对挑战。

三、企业战略变革的原因

企业进行战略变革的原因多种多样，不同的学者有不同的概括，一般认为战略变革是多因素相互联系共同作用的结果。归纳起来，战略变革有三个同时存在、密切相联的原因，即环境变化、组织知觉变化及组织权力变化。

（一）环境变化的驱动

企业外部环境是企业生存和发展的基础，它涵盖了市场环境、技术环境、政策环境等多个方面。这些外部环境因素的变化，如同大海的潮汐，时刻影响着企业的命运。在快速变化的市场环境中，企业必须敏锐地捕捉这些变化，因为一旦环境变化，原有的市场结构和竞争态势都会随之改变。如果企业不能及时调整战略以适应这些变化，就可能会失去竞争优势，甚至面临生存危机。因此，环境变化是企业战略变革的首要驱动力。

（二）组织知觉的觉醒

组织知觉是指组织内部成员对外部环境变化的感知和解读。一个组织能否及时察觉外部环境的变化，并做出正确的判断，是战略变革能否成功的关键。组织知觉的觉醒不仅要求组织成员具备敏锐的市场洞察力，还需要他们具备前瞻性的战略眼光。只有当组织内部成员能够敏锐地感知到外部环境的变化，并经过深入的分析和思考，才能制订出符合企业实际情况的战略变革方案。同时，组织知觉的觉醒也需要克服战略惯性，即组织在面对变化时可能会产生的保守和抵触心理。只有克服了这种惯性，组织才能真正地迈出战略变革的步伐。

（三）组织权力的调整

战略变革涉及到组织内部权力的重新分配和调整。在变革过程中，不同利益相关者可能会因为变革而面临利益的变化。因此，他们可能会运用自己的影响力和权力来推动或阻碍战略变革。这种权力斗争和利益博弈是战略变革过程中的重要环节。如果战略变革能够增加主要权力集团的实际利益和心理利益，那么这些集团就会成为推动变革的重要力量。相反，如果战略变革减少了他们的利益，那么这些集团就可能成为阻碍变革的障碍。因此，在战略变革过程中，需要平衡不同利益相关者的利益，确保变革的顺利进行。

总之，企业战略变革的动因是一个复杂而多面的过程，它涉及到环境变化、组织知觉和组织权力等多个方面的因素。这些因素之间相互联系、相互作用，共同推动着企业战略变革的进程。因此，在进行战略变革时，企业需要全面考虑这些因素的影响，制订出符合企业实际情况的战略变革方案。

四、企业战略变革的必要性

（一）应对经济全球化的挑战

在全球经济一体化的浪潮下，信息技术的飞速发展已经彻底改变了商业世界的格局。这种趋势不仅打破了地理边界，还加剧了国际的经济竞争。面对这样的挑战，企业必须紧跟时代步伐，及时调整经营战略，以适应全球化带来的机遇和挑战。只有如此，企业才能在激烈的国际竞争中立于不败之地。

（二）驱动企业自身成长与变革

企业的发展是一个不断变革和进步的过程。随着市场竞争的加剧和消费者需求的变化，企业原有的战略和模式可能会逐渐失去优势。因此，企业需要不断进行战略变革，以适应市场变化，寻找新的增长点。同时，企业内部的组织结构、管理流程等也需要相应地进行调整和优化，以提高企业的应变能力和竞争力。

（三）适应中国加入 WTO 后的市场变化

中国加入 WTO 后，国内市场逐渐开放，外国企业纷纷涌入。这对国内企业而言既是机遇也是挑战。为了应对这种变化，企业必须加快战略变革的步伐，提高产品的技术含量和附加值，以应对外国企业的竞争。同时，企业还需要加强与国际市场的联系和合作，积极开拓国际市场。

（四）应对政治法律环境的变化

政治法律环境的变化对企业战略变革的影响不容忽视。政府职能的转变、法律体系的完善以及新的制约因素的出现，都为企业带来了新的挑战和机遇。因此，企业需要密切关注政治法律环境的变化，及时调整企业战略和经营模式，以适应新的环境要求。同时，企业还需要加强与政府部门的沟通和合作，争取更多的政策支持和资源保障。

（五）科技创新的驱动力

在当今社会，科学技术的发展已成为企业持续发展的核心动力。科技创新不仅推动了产品的更新换代，更引领着企业管理模式和思维方式的深刻变革。随着科技的不断进步，企业需要转变传统的粗放型管理模式和经济增长方式，转向更加注重资源节约、环境友好和质量效益优先的发展模式。这就要求企业在制订发展战略时，必须紧密围绕科技创新，通过技术创新推动管理创新，实现企业的可持续发展。

（六）适应市场多变性的需求

当前，我国乃至全球的市场环境正在发生深刻变化。买方市场的形成、市场微型化、竞争程度加剧以及市场的全球化，使得企业面临着前所未有的挑战。消费偏好的快速变化和产品生命周期的缩短，要求企业能够快速响应市场需求，提供个性化、差异化的产品和服务。

面对这样的市场变化，企业需要转变传统的生产方式，从大规模生产向大规模定制转变。这不仅是生产方式的变革，更是企业战略思维的转变。大规模定制战略要求企业能够准确捕捉市场变化，灵活调整生产计划和产品设计，以满足客户的个性化需求。

同时，企业还需要保持敏锐的市场洞察力，不断寻找新的市场机会和增长点。这要求企业不仅要关注当前的经营和管理需求，还要敏锐地捕捉市场变化中显现出的新需求和新趋势，以便及时调整战略方向和经营策略。

因此，战略变革成为企业保持竞争优势、实现持续发展的必然选择。通过不断调整和优化企业战略，企业可以更好地适应市场变化，提高管理效能，增强发展后劲，从而在激烈的市场竞争中立于不败之地。

第二节　战略变革的时机与过程

为了达成既定的目标，企业在关键时刻进行战略变革是不可或缺的。众多实践案例充分证明，企业领导层对战略变革时机的敏锐洞察力和有效执行策略实施的能力，是决定企业能否取得成功的关键因素。这种能力不仅要求领导者能够准确判断市场趋势和企业内外部环境的变化，还需要他们具备将战略转化为实际行动的坚定决心和高效执行力。

一、战略变革的紧迫性

当企业遭遇一系列不利迹象时，迅速而果断地进行战略变革变得尤为关键。这些负面现象包括但不限于：企业财务状况持续下滑，显示出经营策略的不足；员工对企业价值观与未来愿景的认同度低，可能引发团队士气的低迷；企业内部组织结构或权力分配的不合理，导致决策效率低下和内部冲突；以及员工对新知识、新技术的排斥态度，显示出企业创新能力的匮乏和自满情绪的蔓延。

针对这些现象，企业需明智地选择战略变革的时机。一般而言，战略变革的时机可以分为三种策略：

（1）前瞻性变革。前瞻性变革强调企业领导层对环境变化的敏锐洞察力和预见性。当管理者能够提前感知到外部环境的变化趋势，并预见到潜在的危机时，他们会主动进行必要的战略调整，以确保企业在市场中的领先地位。这种前瞻性的战略变革能够帮助企业提前规避风险，抓住市场机遇，成为最具活力和生命力的企业。

（2）应对性变革。当企业已经感受到危机的侵袭，并为此付出了一定的代价时，就需要进行应对性变革。这种变革虽然是在危机已经发生之后进行的，但企业仍然可以通过及时采取措施来减少损失，并尽快恢复正常的运营状态。

（3）危机性变革。当企业面临生死存亡的关头，再不进行战略变革就将面临倒闭和破产的风险时，就需要进行危机性变革。这种变革往往是被迫进行的，企业需要在极短的时间内做出重大决策，以挽救企业的命运。虽然危机性变革的成本和风险较高，但成功实施后往往能够带来显著的收益和企业的重生。

在进行战略变革的过程中，企业需要全面考虑各种复杂因素的作用和影响。为了确保变革的成功，企业需要准确地界定出变革的动力和阻力。动力来自于企业内外部环境的变化、市场竞争的压力、员工对变革的期望等；而阻力则可能来自于员工的惯性思维、既得利益者的阻挠、资源和技术的限制等。为了克服变革的阻力并增强变革的动力，企业需要采取一系列措施，如加强沟通、提高员工参与度、优化资源配置等。同时，企业还需要抓住变革的机会，如市场机遇、政策红利等，以实现变革的成功。

二、企业战略变革的过程

战略变革通常经历 3 个阶段：解冻、变革和冷结。

（一）解冻阶段：开启变革的序章

在解冻阶段，高层管理者首先认识到企业当前的状态已无法适应未来的发展需求，必须打破现有的模式，寻求新的发展方向。这一阶段的核心任务是进行环境分析和自我评估。企业需要对外部环境进行客观公正的分析，识别出市场趋势、竞争对手动态以及政策变化等关键因素。同时，企业还需对内部进行深刻的自省，评估自身在适应环境变化方面的能力和局限性。

在解冻过程中，企业需要对过去的文化进行审视，让全体员工认识到原有模式存在的问题和弊端。这可以通过呈现与竞争对手相比较的成本、质量和利润等统计数据来实现，让员工深刻感受到企业目前面临的压力和挑战。然而，在指出问题的同时，也要充分肯定过去的成就和贡献，避免激起员工的防御性心理。

业绩差距是解冻阶段的重要动力。当企业业绩落后于预期时，会引起所有人的关注，并激发变革的呼声。这种危机感有助于推动企业打破旧有的思维模式和行为习惯，为后续的变革奠定基础。

（二）变革阶段：实现战略转型的关键

变革阶段是企业战略转型的核心环节，也是目前战略向目标战略过渡的过程。在这个阶段，企业领导者需要构建公司未来发展的远景，并通过战略、结构、文化和个人的变化来实施变革。

首先，企业要以新的战略思想为指导，构建与新战略相匹配的组织结构。这包括调整部门设置、优化流程、明确职责和权力分配等，以确保企业能够高效地实施新战略。同时，企业还需要进行文化建设，塑造与新战略相适应的企业文化和价值观。这可以通过宣传、培训、激励等方式来实现，让员工逐步接受并认同新的文化理念。

在变革过程中，企业领导者需要发挥关键作用。他们不仅要制订变革计划，还要亲自参与变革的实施过程，确保变革的顺利进行。此外，企业还需要选择合适的变革领导者，他们应具备丰富的经验和强大的影响力，能够引导企业克服变革过程中的各种困难和挑战。

变革的时机选择也是至关重要的。企业需要综合考虑内外部环境的变化情况、员工对变革的接受程度以及企业自身的资源状况等因素，选择最佳的变革时机。同时，企业还需要对变革过程进行有效的控制，确保变革的顺利进行和预期目标的实现。

（三）冻结阶段：巩固变革成果的稳定器

冻结机制在于巩固企业经过战略转型后的新行为规范和运作模式，确保这些调整深植于组织的每个角落。当企业踏上新的战略方向，伴随着新的组织架构和文化的建立，关键是要让全体员工不仅在认知上接纳这些变化，而且要在日常工作中切实体现出来。这要求实施一套系统的管控策略，旨在表彰和鼓励那些符合新战略导向的行为，从而促进这些正面行为的常态化。

其核心意图是创造一个环境，让新确立的行动准则和思维方式在组织内部扎根，防止倒退回旧有的习惯。冻结过程不仅是对当前变革的加固，还须谨慎设计，以免将来的企业发展和必要调整受到不必要的束缚。重点是弘扬那些与企业核心价值、核心竞争力及长远目标相契合的原则，而非仅仅拘泥于短期内的具体管理流程和技术手段，以此来保障企业的灵活性和持续发展能力。

企业战略变革是一个不断循环的过程，从开始、实施到反馈，形成了一个完整的战略变革周期。这个过程并不是单向的或者静态的，而是一个持续不断、循环往复的渐进过程。战略变革可以分为初始阶段、实施阶段和反馈阶段三个主要环节。

在战略变革的初始阶段，企业需要根据内外部环境的变化做出相应的反应和调整。这个阶段是战略变革链条的起点。

接下来是战略变革的实施阶段，这是战略调整的关键环节。在这个阶段，企业的战略调整已经开始实施，但其成功与否还取决于战略变革的反馈阶段。实施变革阶段包括选择变革领导者、确定变革时机和控制变革过程三个重要环节。

然而，企业完成战略调整并不意味着战略变革的结束。企业进入战略变革的反馈阶段，需要根据实际反馈来判断新战略是否适应环境变化并提高了企业的运营效率。企业可以依据利润率、销售额等硬性指标以及人际管理、公司文化等软性指标进行评估，并适时做出战略调整。针对新的变化进行新的调整，这已经是新一轮战略变革的初始阶段了。因此，战略变革是一个持续不断、循环往复的过程，而不是一成不变或者单向的。

三、战略变革的难点及策略

（一）战略变革的难点

变革往往伴随着一定的破坏性，这使得许多企业在面临变革决策时会犹豫不决，尤其是那些历史上曾经取得显著成就的企业。在没有遇到危机的情况下，让这些企业放弃之前带来成功的做法显得非常困难。通常情况下，企业都是在遭受外部环境的巨大压力，到了难以承受的程度才会选择进行变革，此时很可能已经错过了最佳的变革时机，给企业造成了更大的损失。

积极的变革要求企业领导人具备前瞻性的战略思维和智慧。尽管积极的变革可能对企业的成长有益，能够为企业带来新的生机，但真正能够在企业未出现衰退迹象前就开始变革的企业还是少数。在实际情况中，许多企业只有在面临潜在威胁、失去发展动力或迫切需要开拓新的发展领域时，才会开始深入地了解自己的情况，关注外部环境的变化，并着手对现行的企业战略进行调整和变革。

在众多情形下，尽管企业的高层领导已经意识到进行战略调整的必要性，实际执行这一变革过程却面临着重重困难。根据哈佛商学院针对 93 个经历重大变革的组织的研究，其中 74% 的组织在变革过程中遇到了意外的难题，导致进程受阻；同时，有 76% 的组织实际变革所耗费的时间超出了最初的计划。

变革的核心挑战不在于提出新概念，而在于如何放弃过时的旧观念。艾哈德·费弗尔（Erhard Pfeiffer），曾负责康柏公司的改革，他曾简明地指出："舍弃那些曾驱动我们至今日成就的思维、战略和成见，没有比这更难的事了。企业必须学会放下和抛弃过往的知识。"

许多企业的领导层确实认识到，采纳新的战略能为企业带来前所未有的发展机遇，同时也清楚旧有的思维和策略对企业的不利影响，并能做出理智的判断。然而，在面对市场的不确定性和新技术的挑战时，他们对于变革却显得相当迟疑。毕竟，变革可能涉及到摒弃企业的传统遗产，甚至可能破坏那些曾经引以为傲的成就。这些领导者往往过于聚焦于短期利益，进行复杂的财务评估和分析，导致企业内部出现激烈的争论和内耗，从而错失了变革的最佳时机，甚至彻底失去了变革的机会。与之相对的是，行业新进入者没有这些历史包袱，他们能够自由选择最适合自己的市场定位，采用尖端科技，迅速在市场中取得竞争优势，给既有的竞争者带来严峻的威胁。这些新进入者的最大优势在于，他们不受传统竞争者不愿变革的固有思维限制。

（二）战略变革的策略

在面对战略变革的挑战时，管理者需要采取新的策略来处理战略变革的管理问题。管理者不应将变革视为孤立的片段，如全面质量管理、企业流程再造等，然后再单独管理这些片段。相反，应以系统变革的视角来思考变革问题，并在各方面保持平衡。实现这种关键平衡意味着需要在领导变革的人和执行新方案的人之间建立对话；意味着创造一个有利于变革发生的组织氛围；意味着处理与情感相关的联系。公司可以采用的一种工具来维持这种关键平衡是转型管理团队，这是一群向首席执行官汇报的公司领导，他们全身心投入管理变革过程。转型团队具有以下八项重要职责，这些职责对于推动战略变革的成功至关重要。

1. 建立变革的环境并提供指导

首席执行官和其他高层管理者制订公司的战略远景，转型管理团队确保公司中的每个人都正确理解并认识到这一远景和战略，并了解公司面临的竞争形势，以确保个人和团队能够将自己的活动与公司的整体方向保持一致。

2. 激发对话

大多数变革努力基本上需要信息跨越陈旧的界限传播。因此，在变革初期，组织公司各部门之间的对话并使其成为正式的变革过程的一部分，成为转型管理团队的关键任务。

3. 提供适当的资源

转型管理团队拥有两种重要权力，即分配资源以促进有益事件发生的权力和终止不再需要的项目的权力。

4. 协调和统一项目

转型管理团队承担两项任务，一是协调各个项目，使它们相互配合，统一到正确的轨道上；二是与公司各部门沟通，让人们知道各个项目如何保持一致，以便每个人都能了解变革的总体进展情况。

5. 确保信息、活动、政策和行为的一致性

正在进行变革的公司中，人们经常抱怨管理者"言行不一"。尽管说要"授权"，但却立即否决员工的每个新想法。转型管理团队的工作是监控可能破坏变革信誉的任何不一致之处。

6. 提供联合创新的机会

从本质上讲，授权可以被定义为公司中的每名员工都真正有机会共同创造未来。这意味着要确保所有员工，无论是经理、工人还是技术人员，都拥有做出决策和采取适当行动所需的信息。

7. 预期、确认及解决人的问题

人是变革的核心问题，例如，降职、改变职务或改变薪酬政策的变革方案要求预先通知和长时间引导。这需要转型团队发挥作用。

8．让关键多数做好准备

从变革开始到新流程形成规范是一个非常复杂的过程，重要的是从一开始就将资源和战略问题纳入工作任务中。为此，大多数团队需要指导和帮助，以确保他们的工作能够与其他活动协调一致。

第三节　战略变革的影响因素与实施

一、战略变革的影响因素

（一）影响的因素

1．影响战略变革的内部因素

影响组织变革的因素包括领导者、员工、组织结构和文化。领导者在变革中扮演着主导角色，他们的决策、策略和市场洞察是战略变革成功与否的关键因素。员工的认知、情感和态度对变革也有显著影响，此外，成功的变革还必须考虑组织文化的影响。如果变革与现有文化冲突过大，那么变革将难以成功。

（1）领导层与员工的核心作用。在战略变革的征程中，领导层扮演着至关重要的角色。他们的决策、视野以及对市场的敏锐洞察，是变革能否成功的核心要素。战略变革的成功与否，往往取决于领导者是否具备前瞻性的战略意识，以及他们能否精准地把握产业发展趋势、优化业务结构、明确投资方向。同时，员工的参与和认同也是变革成功的关键。员工的认识、情绪与态度，直接影响到变革的推进速度和效果。因此，如何激发员工的积极性，使他们成为变革的推动者而非阻碍者，是每一个领导者都需要深思的问题。

（2）组织发展的自然规律。随着企业的发展，其经营状况、资源与能力、战略弹性等都会发生变化，进而影响到企业的战略选择。如同产品的生命周期，企业的发展也经历着出生、成长、成熟、复兴与衰亡等阶段。为了应对这些变化，企业需要在不同的阶段采取不同的策略，以保持其持续经营的能力。当市场环境、顾客需求或竞争态势发生变化时，企业可能需要进行战略变革或业务转型，以应对这些挑战。

（3）文化因素对变革的深远影响。每个组织都有其独特的文化，这种文化不仅影响着员工的行为和态度，也对战略变革的推进产生深远影响。在变革过程中，必须充分考虑组织文化的因素，以减少与原有文化的冲突，降低变革的阻力。一个开放、包容、创新的文化氛围，将有助于变革的顺利实施；而一个保守、抵触变革的文化，则可能使变革陷入困境。

2．影响战略变革的外部因素

影响战略变革的外部驱动力主要包括四大类：市场环境、技术发展、资源状况以及社会背景。

（1）市场环境：市场的动态变化是企业战略变革的首要驱动力。顾客需求的多样性、偏好和收入水平的变动，都要求企业不断调整产品策略和服务模式，以满足市场的不断变化。企业需对市场保持敏锐的洞察力，及时捕捉顾客需求的微妙变化，从而灵活调整自身的战略方向。

（2）技术发展：技术创新和进步对企业的战略变革产生了深远的影响。技术的不断更新和变革促使企业不断加快产品和技术的创新步伐。新工艺、新材料和新设备的涌现使得产品生命周期越来越短，迫使企业加速新产品的开发和技术的升级。同时，新技术的发展也催生了新的职业和行业，为企业提供了更广阔的发展空间和机会。

（3）资源状况：资源的供应状况和质量、数量及价格的变化也是影响企业战略变革的重要因素。人力资源、能源、资金和原材料等资源的波动，都会对企业的生产、运营和成本产生影响。企业需密切关注资源市场的变化，合理调配资源，确保战略变革的顺利实施。

（4）社会背景：一般社会关系的变动，如政治形势、经济形势、产业政策和法律法规的变化等，也会对企业的战略变革产生重要影响。这些外部因素的变化往往会对企业的运营环境产生重大影响，迫使企业不得不进行战略调整以适应这种变化。特别是对于经济体制转变背景下的企业来说，能否主动进行战略变革，成为了决定其生存和发展的关键。

（二）变革的挑战

企业变革，本质上是对现有模式和流程的一种颠覆，因此它不可避免地带有一定的破坏性和冲击性。对于一家运营稳定的企业而言，在没有出现明显的危机征兆之前，主动进行变革是一项极具挑战性的任务。然而，令人遗憾的是，尽管有些企业勇敢地迈出了变革的步伐，但成功的案例却相对较少，而失败的情况则屡见不鲜。其中的关键原因在于，许多企业未能充分意识到并有效应对变革过程中可能遇到的各种障碍和挑战。

1．利益冲突

战略变革的推进，其关键在于企业高层领导团队的坚定支持。变革并非只是战略规划、质量管理或人力资源部门的职责，而是需要整个领导团队共同参与，明确各自在变革中的责任，并从思想上和行动上给予变革充分的支持。特别要警惕的是，当变革可能触及某些领导者的权力、地位或利益范围时，他们可能会产生抵触情绪，从而阻碍变革的推进，甚至导致变革的失败。

同样，员工对于岗位变动的担忧和恐惧也是变革过程中的一大障碍。这种不确定性可能引发员工的焦虑感，导致他们对企业的满意度下降，产生沮丧情绪，从而对变革持抵触态度。这种消极情绪不仅会影响员工的工作效率，还可能阻碍变革的顺利实施。

为了克服领导层和员工的利益冲突，首先要做的是纠正他们的认知偏差。通过广泛的沟通和教育，使领导层和员工充分认识到变革的必要性和紧迫性，同时听取他们的意见和建议，确保变革方案能够深入人心，得到广泛的认同和支持。这样，才能有效地减少变革过程中的阻力，确保变革的顺利进行。

2. 观念束缚

人们往往倾向于坚守自己熟悉的工作方式，尤其是在取得一定的成就后，更难以摆脱惯性思维，不愿冒险尝试新的方法。过去积累的成功经验、经营模式和知识框架很容易形成思维定式，许多人因此陷入行为习惯的桎梏，对变革的必要性和紧迫性缺乏深刻认识。

美国哈佛商学院的约翰·科特教授的研究揭示了一个重要事实：许多企业变革失败的根本原因在于内部缺乏足够的紧迫感。由于过去的辉煌成就，领导者可能未能及时察觉潜在的危机，而员工则往往对变革持可有可无的态度，甚至因为担心自身利益受损而抵制变革。

此外，一个不容忽视的问题是，许多企业在变革过程中缺乏明确的愿景和目标。这导致变革计划常常目标模糊、相互矛盾，不仅效果有限，还可能使公司误入歧途。变革失败的案例充分表明，当企业的计划、项目和行政命令缺乏统一性和明确性时，员工会感到迷茫和无所适从，对变革失去兴趣。因此，一个清晰、明确、引人入胜的愿景对于变革的成功至关重要。这样的愿景需要用简洁有力的语言来表述，使每个人都能理解、认同并为之努力。

3. 人才瓶颈

在当今竞争激烈的商业环境中，管理人才的短缺以及现有管理人才的流失已成为许多企业变革道路上的重大阻碍。企业的核心竞争力往往依赖于人才，因此，变革的成败在很大程度上取决于企业是否拥有足够的人才支持。

为了克服这一障碍，企业需要精准把握市场和整体需求与供给的情况，以预测未来的人才需求数量。通过科学的职位分析系统，企业可以明确各岗位的职责和要求；通过有效的绩效评估体系，企业可以准确评估员工的工作表现；而健全的人才激励机制则能够激发员工的工作积极性和创造力。

此外，企业还应建立一套有效的人才预警系统，以防范关键岗位，特别是关键人才的流失所带来的损失。合适的人才没有在合适的时间被安排到合适的岗位上，这是目前许多企业在战略变革中无法取得成功的关键因素。因此，企业需要不断优化人才配置，确保人尽其才，为变革提供有力的人才保障。

4．文化壁垒

企业文化是企业长期积累的精神财富，它包含了企业的行为准则、价值观和目标方向。企业文化不仅增强了员工之间的信任，形成共同的价值观念，还对员工行为产生着无形的约束。同时，企业文化也集中体现了企业家的精神风貌和经营宗旨，是企业精神风貌的展示窗口。

然而，在战略变革的过程中，企业文化可能成为一道难以逾越的壁垒。为了克服这一障碍，企业需要及时调整并创造一种支持战略变革的文化氛围。这可以通过对员工的培训来实现，使员工深入理解企业文化的内涵，塑造共同的价值观，并增强企业内部的凝聚力和整合力。

领导者的角色在这一过程中至关重要。他们需要通过自己的感召力和整合力，将企业的价值观念传递给全体员工，并引导大家认同和接受企业文化。领导者的企业家形象会产生模仿效应，激发员工的创新精神和发展动力，进而推动企业文化的创新和发展。

战略变革是一场需要坚定意志和周密计划的革命。为了克服文化壁垒，企业需要采取科学而巧妙的方法，如制订远景规划、建立有效的人力资源系统等，来固化变革成果。只有这样，战略变革才能取得成功，推动企业不断向前发展。

（三）战略变革中克服阻力的策略

1．利益诱导

给予员工与变革直接相关的利益，如加薪、晋升等激励措施，通常能增加员工对变革的接受度。然而，这种方法需要管理者有足够的财力来履行承诺，以确保其有效性。此外，如果员工对企业缺乏信任，他们可能不会完全相信企业的承诺，因此这种策略的效果可能会打折扣。

2．权威强制

在某些情况下，强制执行变革可能是必要的，这通常涉及对员工施加威胁或压力，并可能与惩罚措施相结合。这种方法虽然快速直接，但容易引起员工的不满和抵触情绪，可能导致员工离职或受到惩罚的员工对变革进行阻挠。因此，非紧急情况下应谨慎使用。

3．民主参与

让员工参与到变革的决策过程中来，通过成立项目小组或工作小组，加强内部交流和合作，可以激发员工的智慧和创造力，增强他们在变革中的主人翁意识和对变革策略的认同感。这种参与方式有助于减少变革的阻力，提高变革的成功率。

4. 制度规范

企业规章制度是确保战略变革顺利进行的重要工具。规章制度具有法规性和规范性，一经制订并公布实施，就具有行政约束力，要求员工严格遵守。通过规章制度的约束，可以规范员工的行为，减少变革过程中的不确定性和混乱，为变革的顺利实施提供有力保障。

二、企业战略变革的实施

（一）战略变革的流程

企业重大的战略转型通常遵循一套细致的流程，旨在确保变革的顺利与成效。这一过程启动于唤醒管理层及全体员工的紧迫感，意识到变革的必要性。随后，组建一支由顶尖人才组成的领导团队，负责引领整个变革进程，并清晰界定企业转型的方向与愿景。

为了确保信息流通无阻，构建开放透明的沟通机制至关重要，这不仅限于企业内部，还需涵盖与外部市场环境的互动，以便及时捕获行业动态和顾客需求。

在实施过程中，重视快速取得可见成果，以此激励员工，提升他们对变革成果的期待与信心。通过分阶段设定并达成一系列短期目标，作为通往长期战略成功的基石，步步推进，累积变革动能。

最终，将变革理念深度融合到企业文化之中，形成持久的变革认同感，是战略转型能否持续成功的决定性因素。图7-1形象展示了这一系列步骤，揭示了企业战略变革的八个典型阶段。值得注意的是，尽管这是一个通用框架，不同企业可根据自身特点和变革需求灵活调整流程，删减或增添环节，定制化设计以优化变革效果，确保战略转型的高效与针对性。

1.树立危机意识	1.考察市场和竞争形势 2.找出并讨论危机、潜在危机或重要机会

2.组织变革项目团队	1.组成一个得力的工作小组来负责领导变革 2.促使小组成员团队合作

3.确定愿景	1.创造愿景，显著引导变革行动 2.拟定达成愿景的相关策略

4.沟通愿景	1.运用各种可能的渠道，不断传播崭新愿景及相关策略 2.领导团队以身作则，改变员工行为

5.授权员工参与	1.消除障碍 2.修改破坏变革愿景的体质或结构 3.鼓励冒险和创新的想法、活动、行动

6.创造短期成果	1.规划明显的成绩改善或战果 2.创造上述战果 3.公开表扬、奖励有功人员

7.巩固成果，再接再厉	1.运用上升的公信力，改变所有不嫩搭配和不符合转型愿景的系统、结构和政策 2.雇佣、提升或培养能够达成变革愿景的员工 3.以新方案、新主题和变革代理人给变革流程注入新活力

8.根植企业文化	1.创造顾客导向和生产导向形成的成绩改善，更多、更优秀的领导，以及更有效的管理 2.明确指出新作为和组织成功间的联系 3.确定办法，确保领导人的培养的接班

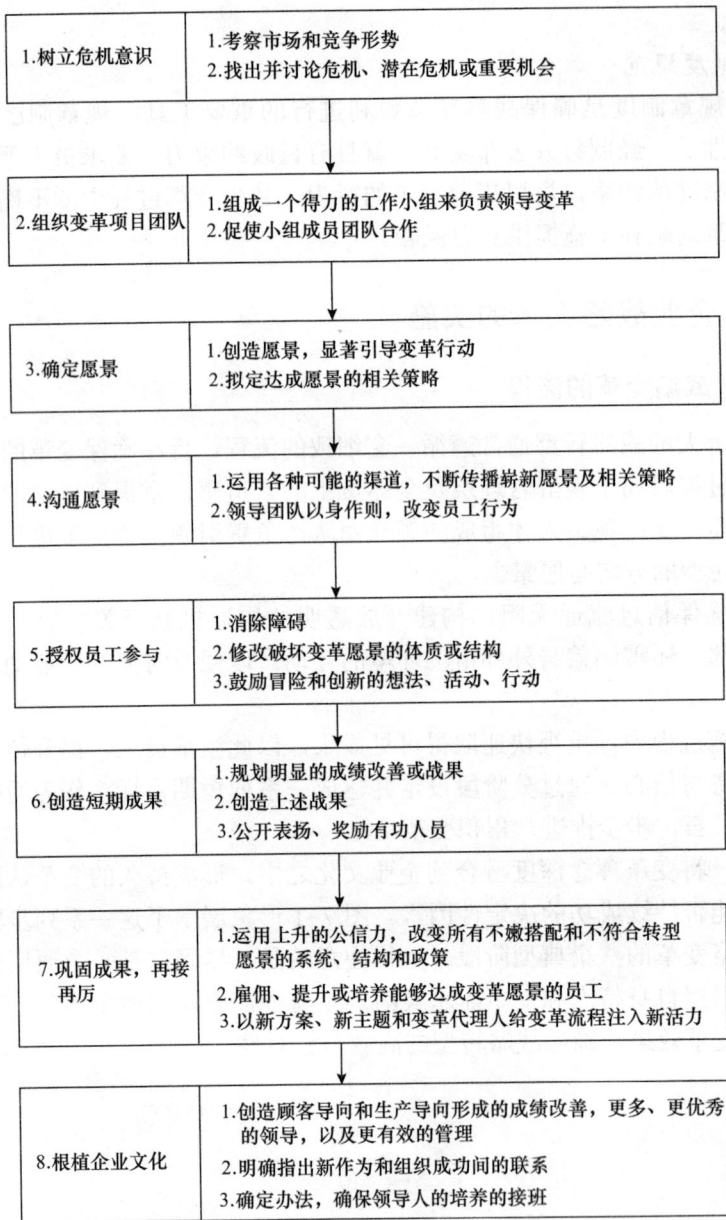

图 7-1 创造重大变革的八阶段流程

（二）战略变革的实施

1. 激发变革紧迫感

变革的驱动力往往源于各种显性和隐性的挑战。卓越的领导者能够敏锐地察觉这些挑战，并准确判断变革的紧迫性。面对变革的必要性，高层领导必须积极行动，将变革的理念传达给每一位员工。由于变革初期员工可能对变革持怀疑或抵触态度，因此，领导层需要通过多种沟通方式，如动员会、研讨会、培训、简报等正式沟通，以及个别谈话、团队活动等非正式沟通，来增强员工的变革意识，激发他们对美好未来的期待。

在这个过程中，平衡是关键。既要确保变革的共识在组织内部形成，又要避免造成过度的动荡和不安。领导者需要展现其高超的沟通技巧和领导力，以确保变革的顺利推进。

2. 组建变革领导团队

将变革视为一个项目来执行，组建一个专业的变革领导团队是至关重要的。这个团队需要具备创新思维、冲突管理能力和卓越的沟通技巧，以应对变革过程中可能出现的各种挑战。团队成员不仅要有坚定的变革信念，还要具备处理各种复杂局面的能力。

为了确保变革项目的成功，变革领导团队必须得到高层的全力支持，并被赋予足够的权力和资源。他们的职责是确保变革的顺利进行，并在变革与稳定之间找到最佳的平衡点。

许多企业选择聘请外部咨询公司来协助进行变革。这是因为咨询公司通常具有丰富的经验和专业知识，能够为企业提供客观公正的改革方案。此外，咨询公司作为外部力量，受到的干扰较少，能够更好地贯彻变革精神。同时，咨询公司的中立地位也有助于减少员工对变革的抵触情绪，使改革方案更容易被接受。

3. 明确愿景并加强沟通

高层领导与变革项目团队深入交流，共同明确企业变革的愿景和目标。这个愿景不仅是变革的指引，也是所有变革行动的核心。变革项目团队基于这一愿景，制订详细的实施方案和行动计划，同时考虑方案的可行性、资源需求以及潜在风险，并制订相应的应对策略。

在此阶段，沟通的作用依然至关重要。变革项目团队不仅要与高层领导保持紧密沟通，确保实施方案与愿景保持一致，还要与全体员工进行沟通，了解基层的情况和员工的情绪变化，以便更好地调整变革计划，为变革的顺利推进创造有利条件。

4. 稳步推进变革，收获阶段性成果

变革的实施阶段需要严格按照计划进行。变革项目团队负责在结构、技术和人员等方面推进变革，确保每个阶段都能达到预期的里程碑成果。这些成果可以体现在业务增长、顾客满意度提升、财务状况改善以及员工满意度提高等方面。

在每个阶段结束后，项目团队需要对计划进行评估，检查是否达到了预期目标，并根据实际情况对计划进行调整。取得阶段性成果对于增强员工信心、推动变革进程至关重要。项目团队应适时公布这些成果，为后续的变革工作打下坚实基础。

5．巩固变革成果，形成长效机制

成功实施变革后，关键在于巩固成果，确保变革带来的变化能够持久。企业需要将变革过程中形成的政策、制度、规章和流程等以规章制度的形式明确下来，并进行公开承诺。同时，对员工进行持续培训，加强互动沟通，确保他们了解并遵守新的规章制度。

在变革初期，可能会出现一些混乱和偏差。企业高层管理层需要坚定决心，领导企业度过这一"磨合期"，确保变革成果得以巩固并走向稳定发展。

6．融入企业文化，实现深层变革

战略变革的成功不仅在于短期的成果，更在于其能否深入企业文化，成为组织长期的价值取向。为实现这一目标，企业需要关注以下几个方面：

首先，领导团队要以身作则，践行新的价值观和愿景，通过日常行动向员工展示这些价值观的重要性。其次，企业需要将新的价值观与员工的个人发展和薪酬体系相结合，让员工看到坚持这些价值观能够带来的实际利益。此外，企业还需要通过标杆效应来推动员工迅速适应变革，奖励在变革中表现突出的员工，形成正面的示范效应。

变革过程中可能会遇到各种阻力和挑战，但企业高层管理层需要坚定决心，持续推进变革。只有当新的战略变革深入企业文化的根源中，变革的果实才能得到真正的巩固和延续。

三、企业战略变革中的关键考量

在推进企业战略变革的过程中，不可避免地会遇到各种预料之外的问题。为了确保变革的顺利进行，企业需要特别关注以下几个关键方面。

（一）坚守核心理念的基石

企业应当清晰地界定自己的使命和核心价值观，这是企业稳定发展的基石。员工往往偏好稳定的工作环境，对不确定性持保守态度。在变革过程中，必须让参与者明白哪些元素是恒定不变的，这有助于他们建立安全感，减少不必要的担忧。虽然企业的目标、策略、工作方式、组织结构和领导层可能随时间而变化，但企业的使命和核心价值观应当是稳定且持久的。它们代表了企业存在的意义和价值，对于维系企业稳定具有关键作用。

核心理念涵盖了企业的核心价值和目标。当企业面临重大变革或内部存在不同观点时，核心理念能够起到黏合作用，帮助员工团结一致。核心价值是企业长期坚守的基本信念，即使面临外界环境的巨大变化，这些价值也不会轻易改变。虽然有时这些价值可能暂时阻碍企业的发展，但它们是企业文化的核心，值得长期坚守。

核心理念如同企业的独特性格，得到了员工的广泛认同。这种认同具有相对稳定性，不会因产品或市场的周期变化、技术革新、管理更新或个别领导者的更迭而动摇。事实上，许多成功企业的创始人最大的贡献就在于为企业奠定了这样的核心理念。在面临重大变革或危机时，这些核心理念将成为员工的精神支柱，帮助企业度过难关。因此，要使战略变革在企业内部有效实施并取得预期成果，就必须强调并坚守企业的核心理念。

（1）核心价值的重要性。核心价值是企业在其经营旅程中坚守不渝的信仰，它深植于企业文化之中，是全体员工共同尊崇的行为准则和态度。这些价值不仅塑造了企业如何与外部世界——包括市场、客户以及员工——互动的框架，也定义了企业如何在不断变化的环境中保持其独特性和生存之道。

核心价值无须外界的证明或认可，它们是企业内在的、稳定的信念，指导着企业的日常决策和行为。正如詹姆斯·C.科林斯和杰瑞·波拉斯在《基业长青》一书中所强调的，那些能够长期繁荣的公司，往往拥有能够适应世界变化的核心价值观和经营实践。

许多成功的企业将核心价值视为其发展的灵魂，甚至将其视为企业的宗教信仰。例如，迪斯尼公司坚信想象力与健康的重要性，这不仅源于市场的需求，更是源于其创始人内心深处的信念。吉百利、美林、惠普等公司也都有着各自独特的核心价值，这些价值不仅激励着员工，也赢得了客户和合作伙伴的尊重和认同。

因此，核心价值对于企业的成功至关重要。它们不仅为企业提供了明确的方向和动力，也为企业赢得了内外部的信任和支持。通过坚守和践行核心价值，企业可以在竞争激烈的市场中脱颖而出，实现长期、稳定的发展。

（2）核心志向的引领力。核心志向犹如企业内部的灯塔，不仅为整个组织指明了前进的方向，更成为激励员工不断前进的动力源泉。它不仅是公司成就和目标客户的体现，更承载着企业的社会价值和责任，成为企业精神的灵魂所在。

不同企业有着各自独特的核心志向。例如，麦肯锡公司致力于协助公司或政府解决复杂问题，展现了其作为专业咨询机构的使命感。默克制药则将社会责任感融入其核心志向中，强调对质量、科技创新、诚实正直和盈利的执着追求，同时不忘为人类福祉贡献力量。索尼公司则希望提升日本的国民文化和地位，立志成为行业的领军者，不断挑战极限，鼓励创新和个人成长。

核心志向与企业目标或策略不同，它超越了短期的目标和规划，是企业永恒追求的方向。它激励着企业不断创新、追求卓越，以达成更高的成就。正是核心志向的引领力，让企业能够在竞争激烈的市场中保持竞争力，不断向前迈进。

（二）构建强烈的变革动力

企业成功推动战略变革的起点往往是对公司当前状况的全面而深刻地审视。领导者需要仔细分析公司在市场竞争中的地位、技术发展动态以及财务健康状况，特别关注那些可能带来营收下降、利润下滑或错失新兴市场机遇的风险点。接下来，他们需要将这些信息以生动、直观的方式传达给全体员工，特别是强调这些挑战所构成的危机或潜在的巨大机遇。这是至关重要的第一步，因为变革的成功离不开全员的参与和合作。如果缺乏足够的动力，变革将难以推动，团队也难以形成合力。

然而，这个过程并非易事。研究显示，许多变革在初始阶段就遭遇了失败，失败率甚至超过50%。这可能是因为高层管理者低估了推动人们走出"舒适区"的困难，或者高估了自己在提升紧迫感方面的能力。在不少案例中，高层领导团队可能会因为担忧负面影响而变得麻痹不仁，他们担心老员工会产生抵触心理、士气低落、情况失控，甚至担心短期业绩下滑、股价下跌，从而将自己置于创造危机的尴尬境地。

当高层领导团队陷入这种麻痹状态时，问题往往出在领导者不足而管理者过多。真正的变革需要领导者来创造新的制度和机制。如果没有足够多的领导者被提拔到关键位置来推动变革，那么变革的进程很可能会受阻。为了变革的成功，公司需要组建一个专门负责激发变革动力的团队。

那么，紧迫感需要达到怎样的程度才足够呢？根据科特（John P. Kotter）的观点，75%以上的经营团队成员必须真心实意地相信，继续墨守成规将不再可行。如果紧迫感的普及程度达不到这个标准，那么在后续的变革过程中，很可能会遇到严重的阻碍和挑战。

（三）谨慎庆祝与持续推进

在企业变革的征途中，当经理人看到初步显著的绩效提升时，可能会迫不及待地想要宣告胜利。诚然，庆祝阶段性的成果是激励团队、增强士气的有效方式，但过早地宣布变革的完全胜利却可能带来灾难性的后果。除非变革已经深入公司的文化之中，形成了一种持久的、难以逆转的趋势（这往往需要数年甚至数十年的时间），否则任何新的做法都仍然脆弱，存在着退回到旧有模式的风险。

　　有些公司在完成主要的变革计划后，便急于宣布胜利，并支付高额的咨询费用以示感谢。然而，仅仅过了两年，这些原本有益的改革就开始逐渐消退。一个奇怪的现象是，变革的发起者和抗拒者有时会联合起来，共同推动过早的庆祝。发起者因为渴望看到明确的进展而过度乐观，而抗拒者则迅速抓住任何可以停止变革的机会。一旦庆祝活动结束，抗拒者就会声称变革已经成功，可以放松警惕了。疲惫的团队成员很容易相信这种说法，他们不愿意再回到变革的战场上。随着时间的推移，变革的动力逐渐消失，旧有的传统和习惯开始悄然回归。

　　因此，我们必须谨慎对待庆祝和胜利宣言。变革的反对者总是敏锐地寻找并利用一切机会来阻碍变革的进程。他们会利用任何庆祝的时机来宣称变革已经完成，从而削弱人们继续努力的意愿。一些原本对变革充满热情的员工也可能因此变得懈怠，导致变革的停滞和倒退。

　　成功的做法是，企业领导者应该保持冷静和耐心，不急于宣布胜利。他们应该利用一系列短期成果来增强变革的可信度和影响力，并逐步解决与变革目标相悖但尚未得到解决的问题。这包括审查和调整现有的制度和结构，以更好地支持变革的持续推进。此外，他们还应该关注人才的培养和引进，确保变革的领导者具备足够的能力和素质来推动变革的深入发展。他们应该意识到，真正的战略变革是一场持久战，需要数年的时间来逐步实现。

（四）聚焦变革成果，避免活动陷阱

　　许多变革计划往往以活动为中心，如强调"全面品质管理"或"持续改善"，倡导各种管理哲学和风格，包括部门合作、中层管理者赋权、员工参与等。有些则着重于绩效评价，如顾客满意度调查。这些活动常常基于一个误解：认为只要实施了足够且正确的改善活动，实际的绩效提升便会自然发生。然而，这种逻辑忽视了特定成果的重要性，往往导致变革方向模糊、规模庞大且难以衡量其实际效果。

　　与活动中心的变革方式相反，以成果为导向的变革更加注重实际的结果和效益。它跳过了冗长的准备阶段，直接聚焦于能够快速实现并评估的成果。这种方式具有以下四大优势：

　　1. 精准引入必要流程与创新

　　以成果为导向的变革要求经理人根据达成的目标，审慎选择并优先安排所需的管理、流程和技术创新。这种变革方式使得管理风格、工作方法、目标设定、信息系统和顾客关系等方面的调整更加精准和有效。

　　2. 实证验证与快速反馈

　　由于每次变革都与短期目标紧密相连，管理阶层可以迅速观察到每种方法

所创造的成果，从而进行实证验证并快速调整策略。

3．持续强化与活力激发

通过设定短期、具体的目标，经理人和员工能够体验到成功的喜悦，这种正面的反馈可以持续强化改善的动力，激发团队的活力。

4．基于经验的持续改进

以成果为导向的变革允许管理阶层在设计下一阶段计划时，以前一阶段的经验和教训为基础，形成一个持续学习和改进的过程。

变革的实施往往充满挑战，需要在变革与稳定之间找到最佳的平衡点。过于激进可能导致组织动荡，而过于保守则可能使变革效果大打折扣。因此，企业需要在变革过程中不断调整和适应，以确保变革的顺利进行和最终成功。

第四节　中国企业的战略创新与超越

一、探讨中国企业战略管理中的管理资源理解

管理资源并非仅仅指物质层面的企业经营资源，它更侧重于管理思想以及支撑这些思想的社会文化资源。当前，中国的管理资源已相当丰富，这主要得益于我们开放的心态和对西方管理思想的广泛引进。当我们以资源的视角去看待这些管理思想时，它们便成为我们可用的宝贵财富，并不受所谓的"专利"限制。而"市场经济"理念的建立，正是推动我们寻求这些管理资源的关键动力。

与此同时，随着经济的蓬勃发展，我们开始更加关注并挖掘中国悠久历史中蕴含的管理资源。这些传统的管理智慧在企业日常管理中仍然发挥着重要作用，对企业的成败产生着深远的影响。因此，我们迫切需要对这些管理资源进行客观的分析、整理和评价，以真诚的态度去研究它们，避免理论与实践的脱节。

在中国这样一个注重实效的国家，长期的脱节可能导致管理实践过于依赖经验和个人技巧，而忽视了对理性管理知识的追求。面对这种情况，中国企业需要正视并研究这些管理资源，尤其是那些能够构成管理思想的特质。这些特质是管理思想的基本单位，它们之间的结构和组合决定了管理思想的独特性和形态。

企业管理已经历了一个多世纪的发展，经验固然宝贵，但管理知识的积累已使我们能够通过理性研究为实践提供坚实的基础。中国企业需要克服对历史

传统和现实状况的过度依赖，摆脱对个人经验和管理技巧的过分追求，以及对成功经营者的盲目崇拜。相反，我们应该更加注重对管理资源的深入探索和研究，以推动企业的战略创新和发展。

企业战略创新是管理文化视角下战略管理理论探讨的重要组成部分。历史告诉我们，企业战略的核心特质之一就是创新，但这种创新并非凭空产生，而是建立在知识积累的基础之上。因此，中国企业需要持续努力，从多个角度深入探索管理资源，为企业的战略创新提供坚实的支撑。

二、解析中国企业的竞争地位与发展阶段

西方企业的战略管理是在其长期科学管理实践和企业规模扩大的历史背景下，为适应环境变化而逐渐发展成熟的。同样地，日本企业在崛起过程中，虽然初始阶段并未大肆宣扬战略，但它们从基础的现场管理、质量管理出发，迅速吸收并消化了西方企业的组织与管理精髓，对西方战略有着深入而务实的理解。中国企业在进行战略管理时，也需要深入剖析自身的竞争地位、实力以及所处的发展阶段。

当前，许多关于中国企业的成功案例往往被冠以"战略"之名，然而，这背后可能掩盖了对企业实际经营条件和竞争态势的忽视。有的企业盲目套用西方战略管理模式，或者采取一些看似高明实则脱离实际的谋略。这种做法往往忽视了企业战略与企业经营背景的紧密联系。

中国企业普遍面临基础管理工作相对薄弱、竞争实力不足的问题。在制订战略时，必须充分考虑现实的经营条件和竞争状况。同时，中国市场体制尚不完善，市场规则的不成熟为企业战略管理带来了新的挑战。许多企业过于依赖市场不完善带来的机会，而忽视了对实际管理和可行战略的深入思考。

中国经济的快速发展和地区、产业之间的差异使得市场环境变得高度复杂。在这种环境下，寻求通用的企业战略并不现实。中国企业需要实事求是地根据自身的实际情况进行适当的变革和调整。然而，这种变化的环境也为企业提供了更多的发展机会，使得战略创新变得更加丰富多彩。

对于不同类型和发展阶段的企业来说，战略创新的需求和方式也会有所不同。例如，中小企业在技术创新战略的选择上，可以结合企业生命周期和企业动态核心竞争力的发展阶段来进行分析。随着企业从初创阶段向成熟阶段演进，其核心竞争力也会经历不同的发展阶段，需要采取不同的技术创新战略来适应不同阶段的需求。这种结合企业实际情况的战略创新方式有助于企业更好地应对市场变化，实现可持续发展。

三、西方企业战略创新的演变与理解

在西方工业经济一百多年的发展中，以及近几十年社会结构的转型，管理创新一直是推动企业进步和增强竞争力的关键因素。随着企业规模的扩大和市场竞争的加剧，关于企业发展方向、发展方式的重大战略决策逐渐成为企业经营的核心。人们已经认识到企业战略的重要性，但对于战略创新的具体趋势和内涵，却需要我们从企业经营与管理的角度，结合管理文化的视角进行深入研究。

经济学家熊彼特提出的"创造性破坏"理论，为我们理解企业战略创新提供了重要视角。他强调企业家在资本主义社会中的核心作用，即通过不断引入新组合（新产品、新技术、新市场、新原料来源、新组织形式）来推动社会发展。这一理论将我们对"资本"的关注转向了对"企业家"的关注，强调了企业家在创新中的核心地位。

然而，从管理的角度来看，企业的因素不仅仅是物质因素，更重要的是人的因素。企业中的人与其他组织中的人一样，具有复杂性和多样性，不能简单地将其等同于可以物化的"人力资源"。因此，管理创新不仅仅是技术或方法的创新，更是涉及人的思维、行为和文化等多方面的创新。

在西方，企业战略创新不仅体现在熊彼特所描述的重大突破上，更体现在企业方向的选择、战略管理过程以及管理者与内外环境的互动中。战略创新是企业创新的重要组成部分，但并非全部。同时，随着战略创新实践的丰富和理论的发展，西方出现了大量的战略创新话语，这些话语反映了人们对于变革的普遍认同，但也增加了理解和鉴别战略创新的难度。

对于中国企业而言，面对西方丰富的战略创新理论和实践经验，我们需要保持清醒的头脑，既要学习借鉴，又要结合自身的实际情况进行创新和调整。同时，我们也需要关注战略创新话语背后的真实含义和逻辑，避免被复杂的词汇和概念所迷惑。通过深入研究和理解西方企业战略创新的演变和内涵，我们可以为中国企业的战略创新提供有益的借鉴和启示。

四、中国企业战略创新的核心：组织转型与文化变革

在中国，企业战略创新的本质在于实现组织从政治或社会导向向经济导向的根本转变。当前，产权改革成为热议的焦点，通过调整企业内外的所有权和经营权关系，并将其置于市场经济环境中运作，为企业发展奠定了坚实的基础。然而，仅仅依靠产权改革并不足以确保企业的成功，有效的管理变革同样至关重要。

　　产权改革及其带来的企业组织结构变革，是组织变革的显性层面，它塑造了一个清晰可见的、直接指导企业运作的显性结构。传统的组织设计也主要关注这一显性层面，而企业战略管理长期以来也是建立在这些显性结构之上。但我们必须认识到，结构变革与战略创新紧密相连，两者相互影响、相互促进。

　　然而，对中国企业而言，更深层次的变革在于管理文化的转型。即使一个企业能够模仿建立现代企业的显性结构，如果没有相应的管理文化支持，那么这个企业的组织结构并不能算是真正建立起来。管理文化深深影响着企业中的每一个成员，包括他们的心理、认知以及彼此之间的关系。因此，当企业采用某种结构时，实际的决策关系和实施关系可能并不完全由显性结构所主导，而是受到隐性关系的影响。

　　这些隐性关系复杂且难以测量，只有通过亲身体验才能真正理解。我们称这些隐性关系为"关系""联系"或"隐性结构"。现代西方复杂性理论也开始关注这些隐性结构的重要性，但它们的讨论更多地基于信息与实体的关系。对于中国企业来说，管理文化的转型是更为关键的问题。这些隐性关系受到传统管理文化以及中西管理文化冲突的影响，存在于管理者的观念、认知、心理、人际关系等各个方面。

　　因此，中国企业的战略创新不仅要关注显性结构的变革，更要重视隐性关系的转变。传统管理文化中的这些隐性关系，其文化基础是治国管理或理治关系。为了实现真正的战略创新，中国企业需要实现从政治组织向经济组织的转变，同时积极探索适合自身发展的战略方向。这一转变不仅涉及组织结构的调整，更是一次深刻的文化变革。

参 考 文 献

[1] 崔琬涓. 企业领导调节焦点、领导行为及企业创新战略关系研究［D］. 中国科学技术大学，2019.

[2] 贾旭东. 现代企业战略管理——思想、方法与实务［M］. 北京：清华大学出版社，2018.

[3] 企业战略管理（第2版）［M］. 北京：清华大学出版社，2019.

[4] 企业战略转型：机理、过程与实践［M］. 北京：清华大学出版社，2020.

[5] 舒辉. 企业战略管理（第3版）［M］. 北京：人民邮电出版社有限公司，2023.

[6] 孙张，武亮. 企业战略管理［M］. 北京：清华大学出版社，2015.

[7] 屠建清. 企业内部管理与风险控制实战［M］. 北京：人民邮电出版社有限公司，2020.

[8] 王方华. 企业战略管理［M］. 上海：复旦大学出版社，2015.

[9] 席雯. 企业经营：战略、革新与组织文化的层级认知［M］：上海：上海交通大学出版社，2020.

[10] 余沛. 企业战略管理［M］. 北京：电子工业出版社，2017.

[11] 赵超. 组织变革视角下企业创新绩效的提升路径研究［D］. 内蒙古大学，2023.